Zaldívar and the Cattle of Cíbola:

Vicente de Zaldívar's Report of His Expedition to the Buffalo Plains in 1598

A Bilingual Edition

Foreword by David J. Weber

Edition and Commentary by Jerry R. Craddock

Translation by John H. R. Polt

Gaspar Pérez de Villagrá, *Historia de la Nueva México*

(Alcalá de Henares: Luis Martínez Grande, 1610)
canto 16, vv. 173-309; canto 17, vv. 1-170

Transcription and Commentary by Jerry R. Craddock

Translation in Verse by John H. R. Polt

William P. Clements Center for Southwest Studies
Southern Methodist University
Dallas, Texas

1999

ISBN 1-929531-01-X

Title page illustration: Contemporary sketch of a bison.
Archivo General de Indias, Seville, MP Estampas, 1
olim Patronato 22, Ramo 13, fol. 1063r.
Reproduced with permission.

Table of Contents

Foreword

In his epic history of European exploration of the New World, historian Samuel Eliot Morison suggested that Ponce de León sought a fountain of youth in present-day Florida in order to restore his decreasing sexual virility. Morison's reading of the chronicler Oviedo, whose *Historia general y natural de las Indias* first appeared in 1535, had led him to that conclusion. When Oviedo described León's "enflaquecimiento del sexo," Morison took that to mean declining virility. A more careful reading of Oviedo's text, however, makes it clear that he did not think Ponce had suffered a loss of sexual drive, but rather that his good sense ("seso") had diminished. Oviedo had scoffed at the notion of a fountain of youth, suggesting that the search for it did not turn old men into young, but did weaken their minds.

Historians depend on accounts like Oviedo's. He spoke with many of the participants in the Spanish conquest of America and recorded impressions that would otherwise be lost. Without the letters, diaries, and reports of eye witnesses, we could not peer deeply into the past. Our dependence on those sources, however, means that we must have them in their most reliable versions--versions that accurately reproduce the words and convey the meanings those words held at the time they were written.

In the study of Spanish activity in what is now the United States, we have not been so fortunate. Many of the key documents remain unpublished. We can consult original manuscripts in archives in former Mexican towns like San Antonio and Santa Fe, or in more distant archives in Mexico City and Seville, or if we are fortunate we might find documents that we need on microfilm or in photocopy. The difficulty of gaining access to the original documents and of reading their difficult script has led most students of Spanish North America to rely on published documents. Lamentably, most editions of documents concerning Spain in North America have taken the form of English translations. Thus, if we want to hear the voices of the participants in the great turning points of Spanish activity--such as the Coronado expedition of 1540-1542, Oñate's founding of the colony of New Mexico in 1598, or the Pueblo Revolt of 1680--we are more likely to listen to them in English here at home than to travel to distant archives.

Hearing contemporaries speak in a language not their own is far from ideal. To make matters worse, translators have often read original Spanish documents incorrectly. Hence, we have translations (themselves highly imperfect vehicles), based on faulty transcriptions or readings of old Spanish words, readings that have led us to mistake sex for sense.

The Clements Center for Southwest Studies is pleased, then, to present Vicente de Zaldívar's account of his 1598 journey to the plains in Spanish as well as English, and to present that Spanish text in a form that comes as close to the original intentions of the writer as we can presently judge. Jerry Craddock's careful comparisons of different renditions of this journey meet the highest standard of critical textual analysis. Scholars will value the fidelity of the Spanish language account; general readers will be charmed by the story, either in Spanish prose, or in Gaspar Pérez de Villagrá's poetic rendering, or in John H. R. Polt's graceful translations.

David J. Weber, Director
Clements Center For Southwest Studies
Southern Methodist University

Introduction

Among the commemorations of the fourth centenary of the founding of New Mexico by Juan de Oñate in 1598, a small place at least should be reserved for one of the most delightful narratives ever produced by the Spaniards who explored, during the colonial epoch, the vast region now known as the Southwest: the *Relación* of Vicente de Zaldívar's expedition to the buffalo plains in that same year.[1]

Oñate took formal possession of New Mexico at El Paso del Norte on April 30, 1598. From there, he took a small contingent of soldiers and pushed ahead of his main party to visit the Pueblos farther up the Rio Grande. After receiving pledges of homage and obedience to the King of Spain from a delegation of Pueblo Indians gathered together at the pueblo of Santo Domingo on July 7, Oñate established his first headquarters at Ohke pueblo on July 11, renaming it San Juan Bautista. The main part of the expedition arrived there on August 18. A church was constructed, and on September 8 the first Mass was said there; the next day the various pueblos and regions of New Mexico were assigned to the Franciscan brothers for the beginning of their missionary work.

On the 15th of September, with his base on the Rio Grande firmly established, Oñate dispatched his *sargento mayor* Vicente de Zaldívar to explore the buffalo plains to the east with a party of 60 men. They returned on November 9, but over three months passed before Zaldívar completed his report. The delay was probably occasioned by the conflict with the pueblo of Acoma, which lasted from December, 1598 to February, 1599, and took the life of his brother, Juan. The final ceremony of the trial of the captives taken from Acoma took place on February 15.[2] A week later, on February 23, Zaldívar presented his official report, which is the subject of this article.[3]

The charm that Zaldívar's Relación has for modern readers lies in its vivid and enthusiastic descriptions not only of the buffalo,[4] an animal which the Spaniards found marvelous and strange almost beyond belief, but also of the plains Indians, whose physical prowess and material culture aroused the sincere admiration of the newcomers. Singled out for special mention, in a way that is valuable today for ethnographers, were the Indians' teepees, their canine convoys with travois, and their methods of hunting buffalo. The Buffalo themselves, however, occupied center stage. The Spaniards were astounded by the immensity of the herds and fascinated, indeed, amused, by the animals' physical appearance, which Zaldívar describes in considerable detail. Though his *Relación* is far from a stylistic masterpiece, it nevertheless possesses, especially for an official document, a verve and wealth of expression that deserve greater notice.

Zaldívar's *Relación* received more contemporary attention in Europe than most of the documents of Oñate's exploration and settlement of New Mexico. An abbreviated and remarkably corrupt version appeared in Juan Martínez de Montoya's *Relacion del descvbrimiento del nvovo* [sic] *Mexico* (Rome: Bartholamo Bonfadino, 1602), pp. 22-35 (cf. Hammond and Rey 1938:98-111). This same *Relación* was, according to Bolton (1916:226, n. 3), a literal source for Gaspar Pérez de Villagrá, who versified Zaldívar's expedition in his frequently reprinted *Historia de la Nueva Mexico* (Alcalá: Luis Martínez Grande, 1610), canto 16, vv. 173-309, canto 17, vv. 1-170, though the versifier himself did not accompany the expedition. Zaldívar's *Relación* has been twice translated into English, by Bolton (1916:223-232) and by Hammond and Rey (1953, 1:398-405).

In what follows, readers will find an edition of Zaldívar's *Relación* established on the basis of

2

paleographically exact transcriptions of the textual witnesses, with my commentary and John H. R. Polt's translation. The relevant portions of Villagrá's *Historia* have been transcribed from photocopy of the 1610 edition, with my commentary and a verse translation by my collaborator.[5]

Zaldívar's *Relación* is extant in three copies, all found in the same bundle ("legajo") of documents belonging to the Archivo General de Indias, Seville (Patronato 22, ramo 13, fols. 1029r-1032v, fols. 1186r-1188r, and fols. 1234r-1237r). The first mentioned is certified and sealed, and though it bears the actual signature of Juan de Oñate, it is not an original; the other two are ordinary copies, without any individual certification. That is, they merely copy the certification that was present in their model. In the edition, I refer to them with the sigla A for "authenticated copy," C_1 for "first uncertified copy" and C_2 for "second uncertified copy." C_1 and C_2 are not copies of A, but rather descend independently from a lost original, hence have value as textual witnesses.

Textually C_1 and C_2 are much closer to each other than either is to A, and not just with regard to external characteristics, such as the fact that C_1 and C_2 have headings absent in A and lack the governor's signature and his seal. C_1 and C_2 share numerous variant readings vis-à-vis those of A, the most notable being the name they give to the survivor of the Humaña/Leyva expedition, i.e., "Jusepillo" ($C_1$1185r32/C_2 1234r31), as opposed to A's "Clementillo" (A 1029r32). Having lived among both the Apaches and the Wichita Indians, this person was to prove invaluable during Oñate's exploration of Quivira in 1601 (see Craddock 1998); but with the sole exception of the text of A, he is invariably called "Jusepe" or "Jusepillo." Since the text of A has not been known to scholars, there has been, so far as I know, no discussion of this onomastic discrepancy in the historical literature.

Other readings that oppose the text of A to that of C_1 and C_2 include: A1 1029r13 "despues de **aver andado** quatro leguas" / C_1 1135r13 "despues de **andadas** quatro leguas" C_2 1234r12 "despues de **an**- 13| **dadas** quatro leguas"; A 1029v31 "en otros **dos** dias se anduvieron como

siete [fol. 1030r] 1| leguas" / C_1 1185v30 "en otros **tres** dias se 31| adubieron como siete leguas" C_2 1234v28 "en otros **tres** dias se an- 29| dubieron como siete leguas"; A 1030r1 "**toparian como** quatro mill rreses" / C_1 1185v31 "**toparon como hasta** quatro mill rreses" C_2 1234v29 "**toparon como hasta** quatro mill rreses"; A 1030r7 "hauia **grandisima summa de** ganado" / C_1 1186r4, C_2 1235r3 "hauia **muchissimo** ganado"; A 1030r22 "cortando vn pedazo **de tienda de cuero** se hecho en rremoxo" / C_1 1186r18 "cortando vn pedazo 19| **de cuero de vna tienda** se hecho en rremojo" C_2 1235r16 "cortando vn pedaço **de cuero de vna tienda** se hecho en rremojo"; A 1030v17 "auia mas que en tres estancias **juntas** de las 18| mas populosas": C_1 1186v10 "hauia mas que 11| en tres estançias de las mas populosas" / C_2 1235v7 "hauia mas que en tres estançias 8| de las mas populossas"; A 1031v7 "negros algo leonados y **a partes** 8| rretinto el pelo": C_1 1187r25 "negros algo leonados y **en parte** rretinto el pelo" / C_2 1236r20 "negros algo leo- 21| nados y **en parte** rretinto el pelo"; A 1032r31 "el **capitan y el prouehedor general** Diego de Çubia" / C_1 1188r10 "el **proueedor y capitan** Diego de Çubia" C_2 1237r5 "el **proueedor y capitan** Diego de Çubia"; A 1032v15 "secretario de gouernaçion **de los rreynos** 16| **y probinçias de la Nueba Mexico**" / C_1 1188r27 secretario de gouernaçion **de** 28| **la Nueba Mexico y de sus rreynos y prouinçias**" C_2 1237r21 "secretario de 22| gobernaçion **de la Nueba Mexico y de sus rreynos y prouinçias**"; A 1032v18 " hiçe sacar este traslado el qual ba çierto y berdadero **segun** 19| **ante mj paso**" / C_1 1188r30 "hiçe sacar este treslado el qual va çierto 31| y verdadero **corregido con el original que queda en mi poder**" C_2 1237r24 "hize sacar este treslado el qual va çierto 25| y verdadero **corregido con el oreginal que queda en mi poder**."

The text printed by Juan de Montoya in 1602 (Hammond and Rey 1938) derives from the same source as A, to judge from the heading, which, although it corrupts "Cíbola" into "Erbela," nevertheless matches that of A. I will refer to Montoya's text with the siglum M. It agrees (p. 23.1) with A 1029r13 "auer andado" and with most of the readings of A that are opposed to the

the joint readings of C_1 and C_2. However, M agrees with the latter two in a number of cases, the two most important being: (p. 25.13-14) "en otros **tres** | dias aduuieron otras siete leguas" and (p. 26.20-21) "cortando vn pedazo **de cuero de vna tien-** | da, le echo en remojo." Within the norms of classical textual criticism, agreements between M and C_1/C_2 against A must go back to the archetype, unless contamination or coincidence are involved. Consequently, I have emended the text of A in a few cases where the readings of M provide support for those of C_1 and C_2.

The source of Bolton's translation is a transcript of C_2 in the Lowery collection of the Library of Congress, container 14 ("MSS New Mexico 1584-1600"), which I will refer to with the siglum L. This transcript provides a generally accurate version of C_2 with only minor orthographic modernizations, e.g., "enviaba" for "ynbiaua," "cien mil" for "çient mill" and the like. However, L led Bolton astray in two instances. Where C_2 1234r7 reads "la baqueria" L has "las baquerias," which Bolton translates as "the cattle herds." The singular form *vaquería*, the only one justified in the text tradition, can mean either 'manada de ganado vacuno' or 'lugar donde hay vacas' (*DRAE*), so little harm has been done, but I suspect that the latter meaning is more likely in the context (A 1029r7), though Polt disagrees with me. In any case, the word derives in this context from "vacas de Cíbola," the name that the Spaniards originally gave to the buffalo. At another point where Zaldívar is explaining the great difficulties he foresees in domesticating the buffalo, C_2 1236r24-25 reads "si ya el | tiempo y baqueallos de espaçio no los amansa mas." This passage is distorted in L as "si ya el tiempo y baqueallos de españa no | los aman jamas," which Bolton renders (1916:229) as "unless time and crossing them with those from Spain make them tamer." He adds a note (229, n. 2) to the effect that "the copy has *aman*, where *amansen* seems to be intended." *Vaquear* does not have here the only meaning recorded by the *DRAE*, i.e., 'cubrir frecuentemente los toros a las vacas' but rather something similar to the meaning recorded for Tabasco by Santamaría (1959) 'ejercer la vaquería o ejecutar operaciones

de campo con el ganado' with the metaphorical connotation 'domar, rebajar el orgullo a una persona, dominarla.' So Zaldívar's meaning is 'domesticate them slowly', with no evident suggestion of cross-breeding.

Hammond and Rey's source also appears to be C_2 at first glance, in view of the title they give to their translation: "Discovery of the Buffalo," which is closer to the marginal note at the beginning of C_2 "Relacion del decubri- | [m]iento de las vacas | [d]e Çiuola" than to that of C_1 "Relacion de la jornada | [y de]scubrimiento de las | [va]cas de Çibola." However, their translation reflects two individual readings of C_1: Hammond and Rey have (1953, 1:398) "Tanepantla," a variant of "Tlanepantla" that occurs only in C_1 1135r12; and where A 1029v2 reads "todos entendemos ser el afamado rrio" in agreement with C_2 1234v1-2, C_1 1185v3 has the perterite verb "entendimos" which Hammond and Rey (1953, 1:399) translate accordingly as "We all took this to be..." Compare Bolton (1916:224) "We all understand this to be..." Finally, Hammond and Rey (1953, 1:403) follow C1 1187r31 "en este camino" (which agrees with A 1031v13) against C2 1236r36 "en este paraje y camino"; compare their version "On this route" with Bolton's "In this region and on this road" (1916:229).

Though one may reasonably conclude that C_1 was Hammond and Rey's immediate source, I believe that they may have at least consulted Bolton's source, i.e., the Lowery transcript (L). As I have maintained elsewhere (Craddock 1996, 1998, and Forthcoming), in their translations Hammond and Rey at times relied–tacitly–on transcripts or printed editions while claiming to translate directly from original documents. Thus, in the very two instances where L threw Bolton off the track, i.e., (1) L "las baquerias" for C_2 1234r7 "la baqueria," Hammond and Rey (1953, 1:398) translate "the buffalo herds," and (2) L "si ya el tiempo y baqueallos de españa no | los aman jamas" for C_2 1236r24-25 "si ya el | tiempo y baqueallos de espaçio no los amansa mas," they translate (1953, 1:403) "unless through time and gradual crossing with our cattle we should be able to tame them." "Gradual" clearly captures the meaning of "de espaçio" but where does the idea of cross breeding buffalo "with our cattle" come from if not L's reading "baqueallos de españa"? The literal meaning of the expression "baqueallos de espaçio" is nothing more than 'domesticate them slowly'.

Hammond and Rey improve on some, but not all, of Bolton's worst mistranslations; the most notable misreadings of both translations are mentioned in the commentary to the edition. Hammond and Rey show no awareness of the existence of A, nor do they mention M, even though they edited and translated the latter in 1938. John Polt's translation not only avoids the pitfalls mentioned above, but attempts to preserve the stylistic flavor of the original, in particular with regard to the lengthy sentences and the habitual polysindeton that characterize documents of the period.

Jerry R. Craddock
Department of Spanish and Portuguese
Research Center for Romance Studies
International and Area Studies
University of California, Berkeley

Notes

1. The general treatments of Zaldívar's *Relación* that I have consulted include Hammond 1927:106-107; Hammond and Rey 1953, 1:18; Kessell 1979:82-84; Brandon 1990:63-65; Simmons 1991:124-125; Morris 1997:138-141.

2. In another document, Oñate speaks as though he had already seen Zaldívar's *Relación* on the 16th of February (Archivo General de Indias [AGI], Patronato 22, ramo 13, fols. 1019r-1021r, at 1020v7-9). Perhaps one should assume that the date of February 23 for Zaldívar's *Relación* refers to an official presentation of a document that the governor had actually had in his hands for some time.

3. The basic sources for this paragraph are Hammond 1927:90-123 (chap. 6 "The Establishment of the Colony" and chap. 7 "The Destruction of Acoma") and Simmons 1991:90-155.

4. One should say "American bison" rather than "buffalo," but the latter designation has achieved such wide usage that it seems pointless to avoid it.

5. This edition forms part of a larger project to edit documents concerning the Spanish exploration and settlement of the Southwest, supported, during the biennium 1997-1999, by a collaborative research grant from the National Endowment for the Humanities, which I held with Barbara De Marco, Principal Editor, Research Center for Romance Studies, International and Area Studies, University of California, Berkeley, and Managing Editor of the journal *Romance Philology*. She kindly read a draft of this work and made many excellent suggestions. The final version owes a great deal to David Weber's careful and expert editing. Naturally, all errors that remain are the exclusive responsiblity of the editor and the translator.

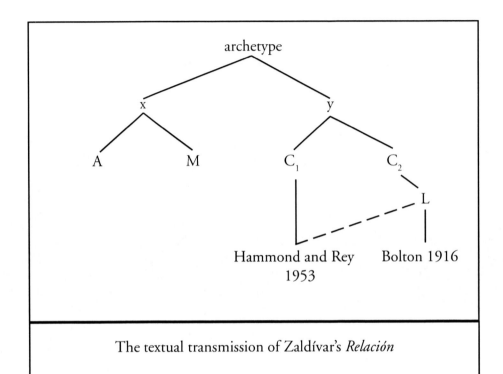

The textual transmission of Zaldívar's *Relación*

Edition

Editorial Criteria.

The original spelling has been scrupulously maintained. The *ç* with cedilla appears regularly before the front vowels *i* (A 1029v28 "rregoçixos") and *e* (A 1032v11 "Marçelo "), where the cedilla is superfluous. Capitalization and punctuation have been modernized. In order to be consistent, it was necessary to replace *R* with *rr* except where a capital letter is called for by modern standards; conversely *rr* is capitalized as *R.*. It is somewhat anachronistic to speak of "capital" letters in the documents of this epoch. There is no consistent use of larger forms of letters to signal proper names, or beginnings of sentences, or even of paragraphs (rather, sections, since paragraphs were another form of punctuation more or less ignored in manuscript documents). Larger letters are almost always purely ornamental and occur in a range of sizes that often defeats any attempt to represent them consistently.

Abbreviations have been resolved with italics. I have modernized word division except where separation would produce truncated forms; in such cases I found the apostrophe the most convenient solution (A 1030v16-17 "qu'en | solo aquel paraxe"). Within the text and in the list of variants, parentheses "( )" enclose editorial deletions and brackets "[ ]" editorial additions; if the deletions and additions are scribal, a caret "^" appears inside the opening parenthesis or bracket. The lines of each manuscript page have been numbered to facilitate location of passages referred to in the introduction and notes, and, indeed, comparison to the original (some of these criteria are adapted from those promulgated in Mackenzie 1986).

This edition is published with the permission of the Ministerio de Educación y Cultura, Archivo General de Indias, Seville, from the *legajo* Patronato 22, ramo 13.

RelaCion DeLa xornada DeLas Bacas de
dezivola que hizo el sargento mayor aquinze desehembre delaño demill y quis y
nouentayocho

Salieron Delrreal elsargento mayor ViSente dezaldiuar mendoza yelpro
5   Vezedor general diego dezubia elcapitan aguilar yotros capitanes ysoldados
Hasta numero desesenta muybien aViados demuchas manadas deyeguas
yotros pertrechos para LaVaqueria. Aquinze desehembre yllegaron alos
pecos adiez yocho dedo salieron aVeynte dexando Salli porperlado de
aquella prouinßia alpadre fray franco desant miguel dela Orden del S
10   sant franco yaJuan dedios donado ynaguatato deaquella lengua queesla
que llamo espexo laprouinßia detamos dedonde fue Vn donpedro orozin
dio deesta tierra quemurio entlanepantla enpoder ydoctrina delaspa
dres desant francisco ydespues dca Ver andado quatro leguas llegaron al
paraxe delascizuelas donde ay grandisima summa dellas decastilla ziue
15   La almonazi deladecordoua otrodia andubieronotrascinco Leguas yalastres
ay agua aunquedurmieron sinella. Otrodia andubieron dosLeguas aunRio
cßuelo pequeño depoca agua mas degrandisima summa depescado. Vaquesaro
Juna camaron ymatalote dondeconsolo anzuelo sepescaron enaquella
noche quinientos Vagres yotrosdia muesos mas. enaquelparaxe lessa
20   Lieron quatro yndios Vaqueros hizieronles dar decomer yRescates laVan
tose Vno dellos ydio muchas Vozes amuesos yndios queestauan abscon
didos yVinieron todos adonde estauan Los españoles. esgente de
muchas fuerzas Lindos flecheros dio les elsargentomayor atodos Res
cates yapaziguolos ypidioles Vnaguia para las Vacas laqual le
25   dieron demuy buena gana. Otrodia caminaron seys leguas yfueron
aVna agua llouediza Salli salieron de Vna sierra tres yndios ypregun
tandoles porsurranchería dixeron que estaua Vna legua deSalli y
que estauan muyalvorotados devernos yr por aquellatierra ypor
que no seal vorotasen mas yendo muchagente fue elsargento
30   mayor consolo Vncompañero asurranchería Diziendoles alos
tres yndios pormedio deVnynterprete ylengua quellevaua lla
mado clementillo yndio delos queraxeron Vnayño yleygua

Relacion de la xornada de las bacas de
Ziuola que hizo el sargento mayor a quinze de setiembre del año de mill y qui*nient*os y
nouenta y ocho.

¶ Salieron del rreal el sargento mayor Vizente de Zaldiuar Mendoza y el pro-
5 vehedor general Diego de Zubia, el capitan Aguilar y otros capitanes y soldados
hasta numero de sesenta, muy bien aviados de muchas manadas de yeguas
y otros pertrechos, para la vaqueria a quinze de setiembre y llegaron a los
Peccos a diez y ocho, de do salieron a veynte, dexando halli por perlado de
aquella prouinzia al padre fray Fran*cis*co de sant Miguel de la orden del *señ*or
10 sant Fran*cis*co y a Juan de Dios donado y naguatato de aquella lengua, que es la
que llamo Espexo la prouinzia de Tamos, de donde fue vn don Pedro Oroz indio de esta tierra que murio en Tlanepantla en poder y doctrina de los padres de sant Francisco, y despues de aver andado quatro leguas llegaron al
paraxe de las ciruelas, donde ay grandisima summa dellas de Castilla, zirue-
15 la almonazi de la de Cordoua. Otro dia andubieron otras cinco leguas y a las tres
ay agua aunque durmieron sin ella. Otro dia andubieron dos leguas a un rriachuelo pequeño de poca agua mas de grandisima summa de pescado, vagre, sardina, camaron y matalote, donde con solo anzuelo se pescaron en aquella
noche quinientos vagres y otro dia muchos mas. En aquel paraxe les sa-
20 lieron quatro yndios vaqueros; hizieronles dar de comer y rrescates. Levan-
tose vno dellos y dio muchas vozes a muchos yndios que estauan [e]scon-
didos y vinieron todos adonde estauan los españoles. Es gente de
muchas fuerzas, lindos flecheros. Dioles el sargento mayor a todos rrescates y apaziguolos y pidioles vna guia para las vacas, la qual le
25 dieron de muy buena gana. Otro dia caminaron seys leguas y fueron
a vna agua llouediza. Halli salieron de vna sierra tres yndios y preguntandoles por su rrancheria dixeron que estaua vna legua de halli y
que estauan muy alvorotados de vernos yr por aquella tierra y porque no se alvorotasen mas yendo mucha gente, fue el sargento
30 mayor con solo vn compañero a su rrancheria, diziendoles a los
tres yndios, por medio de vn ynterprete y lengua que lleuaua llamado Clementillo yndio de los que traxeron Vmayña y Leyua

que fue conellos y Cassa Vnrrio grandissimo La de Nota aloriente
hazia Laflorida quetodos entendemos ser elafamado rrio delamag.na
quenta en Ladicha florida yser aquella Via Laque traxeron doran
tes cabeza de Vaca yelnegro quedella salieron aesta tierra yalas rranche
rias ysierras delos patarabueyes que fuesen delante ysosegasen Lagen
te quel solo queria yr aVerlos yser suamigo ycomo tres quartos de
Legua apartado desurreal lefueron saliendo dequatro enquatro yde
seis enseys mucha summa degente pidiendole suamistad yelmodo
que tienen parapedilla es estender Lapalma delamano derecha hazia
elsol y luego bolverla alapersona conquien quieren amistad Dioles
asimismo rrescates eynportunaronle mucho llegase asurrancheria y
aVnque eracercadeLa oracion subo deyr porque noles paresciese q
Lodexaua pormiedo llego Salla yestubo conellos engran amistad
y boluio muy noche asurreal yotrodia yendo marchando lesa
lieron muchos yndios eyndias conpinole ellos andan Losmas des
nudos algunos cubiertos conpellejos deziuola yalgunas mantas
yellas yellas conVnos como calzones degamuza ysus zapatos doh
nes asimodo dioles algunos rrescates ydixoles pormedio delynterpre
te quel s.or gouernador Don Juan deoñate leenViaua aquesupiesen
que Sauia defauorezer alos que fuesen Leales asumag. ycastigar alos
quenolo fuesen quedaron todos depaß ymuy contentos pidieronle
ayuda para contra Los Jumanas que ellos llaman aVnanazion de
yndios rrayados almodo deloschichimecos prometioles eldicho sar
gento mayor deprocurar quetodos hubiesen paß porque aeste fin
aVia Venido asutierra ydespedidos separtio deSalli ycamino
otros tres dias dießleguas yalfindellas Vio elprimertoro degi
uola quecomo algo Viejo andaua apartado ycorrio poco yasi se
hizieron grandes rregocixos y fuepara todos Vnlindo picon por
que elmenor delacompañia nosecontentaua condießmilReses
desolo surrodeo luego seVieron enVnas Lagunillas mas de
trecientas Vacas yenotros dos dias seanduVieron comosies

y que fue con ellos hasta un rrio grandissimo la derrota al oriente

hazia la Florida, que todos entendemos ser el afamado rrio de la Mag*dal*ena

que entra en la dicha Florida y ser aquella via la que traxeron Doran-

tes, Caueza de Vaca y el negro que della salieron a esta tierra y a las rranche-

5   rias y sierras de los patarabueyes, que fuesen delante y sosegasen la gen-

te que el solo queria yr a verlos y ser su amigo y como tres quartos de

legua apartado de su rreal, le fueron saliendo de quatro en quatro y de

seis en seys mucha summa de gente, pidiendole su amistad y el modo

que tienen para pedilla es estender la palma de la mano derecha hazia

10   el sol y luego boluerla a la persona con quien quieren amistad. Dioles

asimismo rrescates e ynportunaronle mucho llegase a su rrancheria y

avnque era cerca de la oracion hubo de yr porque no les paresciese q*ue*

lo dexaua por miedo. Llego halla y estubo con ellos en gran amistad

y voluio muy noche a su rreal y otro dia yendo marchando le sa-

15   lieron muchos yndios e yndias con pinole. Ellos andan los mas des-

nudos, algunos cubiertos con pellejos de Ziuola y algunas mantas

y ellas con vnos como calzones de gamuza y sus zapatos o boti-

nes a su modo. Dioles algunos rrescates y dixoles por medio del ynterpre-

te que el *señor* gouernador don Juan de Oñate le enviaua a que supiesen

20   que hauia de fauorezer a los que fuesen leales a su mag*esta*d y castigar a los

que no lo fuesen. Quedaron todos de paz y muy contentos. Pidieronle

ayuda para contra los jumanas, que ellos llaman a vna nazion de

yndios rrayados al modo de los chichimecos. Prometioles el dicho sar-

gento mayor de procurar que todos tubiesen paz, porque a este fin

25   avia venido a su tierra y despedidos se partio de halli y camino

otros tres dias diez leguas y al fin dellas vio el primer toro de Zi-

uola que como algo viejo andaua apartado y corrio poco y asi se

hizieron grandes rregoçixos y fue para todos vn lindo picon, por-

que el menor de la compañia no se contentaua con diez mill rreses

30   de solo su rrodeo. Luego se vieron en vnas lagunillas mas de

trecientas vacas y en otros [tres] dias se anduvieron como siete

leguas y topauian como quatro mill rreses y enaquelparaje se sello
muy buena comodidad para hazer cerral consus mangas ydandose or
den en hazerlo serrettio elganado mas de ocho leguas lahierra adentro
Visto esto elsargento mayor condie3 desus soldados seadelanto aun
rrio que estaua seys leguas desalli y viene desabia laprouincia
delos picuries ysierra neuada que enellos esta ado seauia dicho
laguia sauia grandisima summa deganado y llegado alrrio el
ganado seauia rretirado rrespecto deauer pasado entonces muchos
yndios vaqueros que venian decontratar conlos picuries y tros.
pueblos populosos deeste nueuo mexco alos quales venden carne
cueros manteca ysebo ysal. atrueco demantas algodon loza y
may3 y algunos chalesiguilllos verdes deque usan. durmio enya
quel rrio yotrodia voluiendo sabia surreal encontro una rranche
ria en que auia cincuenta tiendas decueros adouados estrema
disimamente colorados y blancos laforma depabellon rredon
das consus botones y portañolas tancuriosos como enytalia
y tangrandes que enlas muy ordinarias cabian quatro col
chones ycamas distintas muy olgadamente yeladouo tan
lindo que aunquelluena acantaros nolaspassa ni seendu
rese el cuero antes ensecandose queda tanblando y tratable
como antes que porsercosa marauillosa quiso hazer laesperiencia y
cortando un pedazo dehenda decuero se hecho enrremoxo ypuso
asecar alsol yquedo delamisma manera tratable quesino sehubiera
moxado rrescato una el dicho sargento mayor y latruxo alrreal
y consertangrande como dicho es no pesaua mas dedos arrouas y
para estacarga ylos palos enque la arman y una mochila decar
ne ysupinole. omay3 usan un perrillo mediado lanudo losdi
chos yndios que les sirue demula yva unagran rrecua dellos en
chados por los pechuelos yanquillas ycon quatro arrouas depe
so por lomenos camina comesmo que suamo yescosa deuer

leguas y topar[o]n como quatro mill rreses y en aquel paraje se hallo

muy buena comodidad para hacer corral con sus mangas y dandose or-

den en hacerlo, se rretiro el ganado mas de ocho leguas la tierra adentro.

Visto esto, el sargento mayor con diez de sus soldados se adelanto a un

5   rrio que estaua seys leguas de halli y viene de hazia la prouincia

de los picuries y sierra neuada que en ellos esta, ado le auia dicho

la guia hauia grandisima summa de ganado y llegado al rrio, el

ganado se auia rretirado rrespecto de auer pasado entonces muchos

yndios vaqueros que venian de contratar con los picuries y taos,

10   pueblos populosos de este Nueuo Mexico, a los quales venden carne,

cueros, manteca y sebo y sal a trueco de mantas, algodon, loza y

mayz y algunos chalchiguitillos verdes de que vsan. Durmio en a-

quel rrio y otro dia voluiendo hazia su rreal, encontro vna rranche-

ria en que auia cincuenta tiendas de cueros adouados estrema-

15   disimamente colorados y blancos, la forma de pabellon, rredon-

das con sus votones y portañolas, tan curiosos como en Ytalia

y tan grandes que en las muy ordinarias cavian quatro col-

chones y camas distintas muy olgadamente y el adouo tan

lindo que avnque llueua a cantaros no las passa ni se endu-

20   reze el cuero; antes en secandose queda tan blando y tratable

como antes, que por ser cosa marauillosa quiso hazer la espirienzia y

cortando vn pedazo de [cuero de vna tienda], se hecho en rremoxo y puso

a secar al sol y quedo de la misma manera tratable que si no se hubiera

moxado. Rescato vna el dicho sargento mayor y la truxo a este rreal

25   y con ser tan grande como dicho es no pesaua mas de dos arrouas y

para esta carga y los palos en que la arman y vna mochila de car-

ne y su pinole o mayz vsan vn perrillo mediado lanudo los di-

chos yndios que les sirue de mula y va vna gran rrecua dellos cin-

chados por los pechuelos y anquillas y con quatro arrouas de pe-

30   so por lo menos, camina lo mesmo que su amo y es cosa de ver

ymucho Para rreyr verlos yr las puntas delos palos arrastrando
ycasi todos ellos matadillos enlos encuentros vnos tras otros haciendo
su xornada yquepara cargarlos lescoxen las indias Lacaueza entre
Las piernas yasi ldescargan vendereza Lacarga quepocas vezes esmenes
5 ter porque andan de andadura como sies hubieran enseñados con
sueltas bueltos alrreal olgaron aqueldia yotro por serdia del señor
sant fco yacinco deotubre caminaron por llegar algolpe delga
nado yentres dias anduvieron catorce Leguas donde hallaron
ymataron mucha summa deVacas yotro dia pasaron tres leguas
10 mas adelante buscando buena comodidad yaparejo para corral
yhallandola leenpeçaron ahazer degrandes troços dealamos y
tardaron tres dias enquese acauaron tangrande ycontan Largas
mangas quepensaron encerrar dies mill rreses porque aquellos
dias viantantas yandauan tancerca delas tiendas ycaualla da
15 que conesto yque quando corren pareceVan maneadas ydando
salthllos tubieron pormuy cierta Lapresa porque afirman quen
solo aquel paraxe auia mas queentres estancias juntas delas
mas populosas delanueua españa los que an visto loVno y
lo otro hecho elcorral salieron otrodia aVnallanada donde
20 Latarde antes seauianVisto como cienmill rreses ydandoles
La aVentada enpeço asalir elganado muy bien hasçia elcorral
yapoco rrato rreVoluio congrande furia Haßia doucnta la
gente yrronpio por toda ella conyr bien apiñados singuefue
sepusible rresistirlos porque esganado delmas terrible teson
25 ycoraxe quesepuede encareßer ytan matrero quesicorren tras
elcorre ysiseparan oban poco apoco separa yserrebuelca como
sifueran mulas yconuste aliento torna denueuo asucarrera
tentaronse millmodos en algunosdias para enzerrarlo opa
ra Hazer rrodeo del ypor ninguna Via fueposible ynoesde

14

y mucho para rreyr verlos yr las puntas de los palos arrastrando

y casi todos ellos matadillos en los encuentros, vnos tras otros haciendo

su xornada y que para cargarlos les coxen las indias la caueza entre

las piernas y asi les cargan o endereza[n] la carga que pocas vezes es menes-

5 ter porque andan de andadura como si estubieran enseñados con

sueltas. Bueltos al rreal olgaron aquel dia y otro por ser dia del señor

sant Francisco y a cinco de otubre caminaron por llegar al golpe del ga-

nado y en tres dias anduvieron catorze leguas donde hallaron

y mataron mucha summa de vacas y otro dia pasaron tres leguas

10 mas adelante, buscando buena comodidad y aparejo para corral

y hallandola, le enpezaron a hazer de grandes trozos de alamos y

tardaron tres dias en que le acauaron tan grande y con tan largas

mangas que pensaron encerrar diez mill reses, porque aquellos

dias vian tantas y andauan tan cerca de las tiendas y cauallada

15 que con esto y que quando corren parece van maneadas y dando

saltillos, tubieron por muy cierta la presa porque afirman qu'en

solo aquel paraxe auia mas que en tres estancias juntas de las

mas populosas de la Nueua España los que an visto lo vno y

lo otro. Hecho el corral, salieron otro dia a vna llanada donde

20 la tarde antes se auian visto como cien mill rreses y dandoles

la aventada, enpezo a salir el ganado muy bien hazia el corral

y a poco rrato rrevoluio con grande furia hazia do uenia la

gente y rronpio por toda ella con yr bien apiñados sin que fue-

se pusible rresistirlos, porque es ganado del mas terrible teson

25 y coraxe que se puede encarezer y tan matrero que si corren tras

el, corre y si se paran o ban poco a poco, se para y se rrebuelca como

si fueran mulas y con este aliento torna de nueuo a su carrera.

Tentaronse mill modos en algunos dias para enzerrarlo o pa-

ra hazer rrodeo del y por ninguna via fue posible y no es de

15

Es Pantar porque esta notablemente Simarron y ferros tan
to quenos mato tres cauallos ynos hirio quarenta muymal por
que tiene las aspas muy agudas ymedianas como de apalmo ymedio
yrretorcidas Vna contra otra alo alto yfiere delado yVaxando mu
cho la caueza demanera quelo que coxe rrasga muybien con todo
eso semato mucho dellos ysehizieron deochenta arrouas arriua de
manteca que escede sin ninguna duda ala del puerco con muchas
Ventaxas ylacarne del toro ala de nra Vaca yla delo Vacaygua
la con nuestra muy tierna ternera ocarnero //————

Visto pues que elganado mayor nosepodia traer enpie dio elsar
gento mayor en Sacer coger terneras yenperraronse demanera
quede muchas quesetrayan Vnas rrauiatadas otras sobre loscauallos
ninguna llego Vnalegua asurreal que todas semurieron dentro
de Vna ora pocomas yasi secree quesinoson Recien nacidas yala
querenbia denras Vacas nosepodran traer Hasta que elganado/a
manse mas delo questa cuya bechura yforma estan marauillosa
yderreyr oespantarse que elquemas Vezes loue mas deseaVerlo
yninguno sera tan melancolico quesicien veßes loue aldia nose
rria muy degana otras tantas yseadmire deVer animal tan fiero

Cuyos cuernos son negros deltamaño yadicho deVna tercia q
parecen de Sufallo losojos pequeños rrostro hocico y pesuñas
delamisma forma de nras Vacas saluo quees muy barbado el
toro ylauaca como cabrones Llenos detantalana queles cubre
losojos ycara yelcopete casi todos los cuernos Llegales estalana
larga ymuy tratable yblanda Hastacasi el medio cuerpo
ydealli Halla es elpelo maspequeño sobre las agujas tienen
tanta yseube tanto el lomo queparecen corcouados aunque
enrrealidad deVerdad noloson mucho porque estacados

16

espantar porque esta notablemente zimarron y [feroz], tan-

to que nos mato tres cauallos y nos hirio quarenta muy mal, por-

que tiene las aspas muy agudas y medianas como de a palmo y medio

y rretorcidas vna contra otra a lo alto y hiere de lado y vaxando mu-

5 cho la caueza, de manera que lo que coxe rrasga muy bien. Con todo

eso se mato mucho dellos y se hizieron de ochenta arrouas arriua de

manteca que escede sin ninguna duda a la del puerco con muchas

ventaxas y la carne del toro a la de n*uest*ra vaca y la de la vaca ygua-

la con nuestra muy tierna ternera o carnero.

10 ¶ Visto pues que el ganado mayor no se podia traer en pie, dio el sar-

gento mayor en hacer coger terneras y enperraronse de manera

que de muchas que se trayan, vnas rrauiatadas, otras sobre los cauallos,

ninguna llego vna legua a su rreal, que todas se murieron dentro

de vna ora poco mas y asi se cree que si no son rrecien nacidas y a la

15 querenzia de n*uest*ras vacas, no se podran traer hasta que el ganado a-

manse mas de lo que esta, cuya hechura y forma es tan marauillosa

y de rreyr o espantarse que el que mas vezes lo uee mas desea verlo

y ninguno sera tan melancolico que si cien vezes lo uee al dia no se

rria muy de gana otras tantas y se admire de ver animal tan fiero,

20 ¶ cuyos cuernos son negros del tamaño ya dicho de vna terçia q*ue*

parecen de bufallo; los ojos pequeños, rrostro y oçico y pesuñas

de la misma forma de n*uest*ras vacas, saluo que es muy barbado el

toro y la uaca como cabrones, llenos de tanta lana que les cubre

los ojos y cara y el copete, casi todos los cuernos. Llegales esta lana

25 larga y muy tratable y blanda hasta casi el medio cuerpo

y de halli halla es el pelo mas pequeño. Sobre las agujas tienen

tanta y sube tanto el lomo que parecen corcouados aunque

en rrealidad de verdad no lo son mucho porque estacados

17

Los cueros seles quita lacorcoua muy facilmente son mayores en
común que nro ganado lacolilla delamisma manera que un puerco
con pocas cerdillas alcabo muy corta y que las rehuelce arriua quando
corren enlas rrodillas tienen unas naturales ligabanbas depelo

5 muy largo delas ancas queson como demula son derrengados ycas
corvos y asicorren delamanera dicha asaltos y mucho enespeçial
cuesta auaxo son todos de una color negros algo leonados y apartes
rrehinto el pelo esta es suforma que alavista es harto mas feroz
que que de significar lapluma podrase matar quanto ganado

10 quisieren traerse a estas poblazones queestandel como treynta
o quarenta leguas muy dificultosamente sia de venir vivo siya
eltiempo ybaquearlos despacio nolos amansa mas //

    X Hallaronse eneste camino algunos delos parajes ydormidas
que hicieron leyua y sumayna quando salieron desta tierra su

15 biendo delagente que venia delanueva españa aprenderlos
estas sobredichas vacas tienen sus querenbias sobre unas mesas lla
nisimas que corren muchas leguas porque despues que se subio aellas
subida muy pequeña como de unas lomas sean dubieron treynta
leguas continuas llenas deynfinito ganado y xamas seles hallo

20 cabo ni tienen sierra ni arbol ni mata sobresi yestando enellas.
solamente segui auan por el sol y por el norte. corre por lomas alto de
llas un rrio mediano quees cossa marauillosa alparescer que
va por alli mas alto queensu nacimiento y paresce que antes sube
que vaxa tiene mucho pescado y camaron alpie destas mesas

25 en algunas partes que hacen cañadas ay gran cantidad de savinas
eynfinitos ojos de agua quesalen delas propias mesas y a media
legua a un lado apartadas dellas ay grandes alamedas. los
yndios detoda aquella tierra son muchos biuen en ranche

los cueros, seles quita la corcoua muy facilmente. Son mayores en

comun que n*uest*ro ganado, la colilla de la misma manera que vn puerco

con pocas cerdillas al cauo, muy corta y que la rretuerce arriua quando

corren. En las rrodillas tienen unas naturales ligabanbas de pelo

5 muy largo; de las ancas que son como de mula son derrengados y caz-

coruos y asi corren de la manera dicha a saltos y mucho en espezial

cuesta auajo. Son todos de vna color negros algo leonados y a partes

rretinto el pelo. Esta es su forma que a la vista es harto mas feroz

que puede significar la pluma. Podrase matar quanto ganado

10 quisieren traerse a estas poblazones que estan del como treynta

o quarenta leguas, muy dificultosamente si a de venir viuo, si ya

el tiempo y baquearlos de espacio no los amansa mas.

¶ Hallaronse en este camino algunos de los parajes y dormidas

que hicieron Leyua y Humayna quando salieron desta tierra hu-

15 yendo de la gente que venia de la Nueua España a prenderlos.

¶ Estas sobredichas vacas tienen sus querenzias sobre vnas mesas lla-

nisimas que corren muchas leguas porque despues que se subio a ellas,

suvida muy pequeña como de vnas lomas, se andubieron treynta

leguas continuas, llenas de ynfinito ganado y xamas se les hallo

20 cauo ni tienen sierra ni arbol ni mata sobre si y estando en ellas,

solamente se guiauan por el sol y por el norte. Corre por lo mas alto de-

llas vn rrio mediano que es cossa marauillosa al parescer que

va por alli mas alto que en su nacimiento y paresce que antes suue

que vaxa. Tiene mucho pescado y camaron. Al pie de estas mesas

25 en algunas partes que hacen cañadas ay gran cantidad de savinas

e ynfinitos ojos de agua que salen de las propias mesas y a media

legua a vn lado apartadas dellas ay grandes alamedas. Los

yndios de toda aquella tierra son muchos. Viuen en rranche-

rias enlas sobredichas tiendas Uecueros siguen siempre elpanado y mas
elseandan tan abrigados consus pauellones como enqualquier cassa lopo
dian estar ycomo comen carne casi cruda y mucha manteca ysebo que les
sirue como depan. el tasajo en la Una mano y lamanteca elada enlaotra y
Uocado enel yenella crianse luzios y forridos y Ualientes su municio
espedernal arco turquesco muygrande algunas flechas Uieron conpun
tas largas dequeso aunquepocas porser mejor elpedernal para matar las
Uacas queno labara y matan las delprimer tiro en boscadas en rra
madas hechas enlos abreuaderos congrandisimma destreza como sall.
lo Uieron todos los que fueron los quales yeldicho sargento mayor
tardaron ensuUiaxe cinquenta yquatro dias yboluieron aesterreal
aocho dinoUienbre demille y qus y nouentas ocho años adiosprias

 suerjo tehan sin bueno taca bo sus tes tres tres
speca yr obi de mi es cuus en Uen tos nuica es
es te on panconta tes oute je si tan y las dein
tas cotho de unidice z Affos no odos sucesa amy
enquic tados orelas on e see hejan ocella se que te
mo señor cotheoricente doce dias men en la
en la orrias un o sus co confiamos ca la ss afor

se ss ta Uen men Uisca trest la tiela
na Uaquilla es ca men de doce tha ss a
speca fitios un sus oxicauca a en de Cose
e othe os cones te sle srtien de quescosa
man noua Ucristo sas otra negunos

ss es esse ss sis res tia en fonde sdas sacpe na quecea
laican os en to es ueucos Ures son dan i tho de que
pouellos seus yque sea es cion Cos brare thegun
juramen ba ta tres oxexo ss carabe Una cul cion
ma ser yl ss nen pro propne tion da da ss Ues ss on
yrcales fueron tres Uiecos tes cal ticas men Uista secst
san ss pecca pitancas tes en ta har en dig secubri
yelca oton tes conspta es tes yns Uota sacasto man os
os n sta ses secca conny dehesma man escese t se
se en se ta ss conses ce su men nis or te las on
tesa ss mes la quee ss ca salar Uien tho Utsla ss
de ss ta ss ce a ls ss co suca los Uos soch te ss secu

rias en las sobredichas tiendas de cueros. Siguen siempre el ganado y tras

el se andan tan abrigados con sus pauellones como en qualquier cassa lo po-

dian estar y como comen carne casi cruda y mucha manteca y sebo que les

sirue como de pan, el tasajo en la vna mano y la manteca elada en la otra y

5   vocado en el y en ella, crianse luzios y fornidos y valientes. Su municion

es pedernal, arco turquesco muy grande; algunas flechas vieron con pun-

tas largas de gueso, aunque pocas por ser mexor el pedernal para matar las

vacas que no la vara y matanlas del primer tiro, envoscad[o]s en rra-

madas hechas en los abreuaderos con grandisimma destreza como halli

10 lo vieron todos los que fueron, los quales y el dicho sargento mayor

tardaron en su viaxe cinquenta y quatro dias y boluieron a este rreal

a ocho de novienbre de mill y quinientos y nouenta y ocho años a dios gracias.

¶ En el pueblo de san Joan Bautista a veynte y tres dias del

mes de hebrero de mjll e quinientos e noventa e nuebe años,

15 ante don Joan de Oñate gouernador y capitan general y adelan-

tado de las prouinçias y rreynos de la Nueba Mexico,

conquistador poblador e paçificador dellas por el rrey

nuestro señor, etcetera, Viçente de Çaldiuar Mendoça, sargento

mayor capitan cauo de las conpañias de los dichos rreynos y e-

20 xerçito de su magestad, presento esta rrelaçion de la jor-

nada que hiço por mandado de su señoria a las vacas de Sibola

y el dicho señor gouernador, para que a su magestad y a sus audiençias

e birreyes conste y se entienda que es con toda verdad,

mando que se leyese toda ella a algunos de los capitanes

25 y soldados de los que fueron con el dicho sargento mayor que es-

tauan presentes e que a ello rrespondan y lo firmen de sus

nombres, para lo qual el dicho señor gouernador tomo e rreçiuio

juramento a todos los susodichos por dios e vna cruz en for-

ma de derecho y lo hjçieron e prometieron de deçir verdad, los

30 quales fueron el dicho Viçente de Çaldiuar Mendoza, sargento

mayor y el capitan y el prouehedor general Diego de Çubia

y el capitan Pablo de Aguilar Ynoxosa y el capitan Marçelo

d'Espinosa y el alferes Domingo de Liçama, Marcos Cortes,

Juan de Pedraça, Alonso Sanchez, Hernando Ynojos, Esteban de

35 Sosa, Joan de Olague, Joan de Salas, Diego Robledo y Diego

de Ayarde, a todos los quales yo el secretario ynfraescrito

5

10

15

les ley como dicho es la rrelaçion de berbun a berbo vna y mas
y conforme[s] rrespondieron y dixeron que todo lo contenido
en ella es çierto y berdadero y lo que paso en su presençia en el dicho
biaje de las uacas y so cargo del dicho juramento que todos hiçieron
5 y se rretificaron en ello, siendoles leydo y lo firmaron de
sus nombres los que supieron, que fueron los que aqui pareçieren sus firmas, de todo lo qual yo el dicho secretario doy fee que paso
en mi presençia, siendo testigos el contador de la rreal haçienda
y Joan Hortiz y Joan Belazquez de Cabanillas y otras personas. Don
10 Joan de Oñate, Vicente de Çaldiuar Mendoça, Diego de Çubia, Pablo
de Aguilar Ynoxosa, Marçelo d'Espinosa, Domingo de Lizama,
Alonso Sanchez, Esteuan de Sosa, Joan de Pedraça, Diego Robledo,
Joan de Salas, ante mi Joan Gutierrez Bocanegra, secretario.
¶ E yo el dicho Juan Gutierrez Boca- {signature} don Juan de Oñate {rubric} negra, capitan
15 por el rrey nuestro señor y secretario de gouernaçion de los rreynos
y probinçias de la Nueba Mexico, presente fui a lo que dicho es juntamente con el dicho señor gouernador que aqui firmo su nonbre y de su man-
damjento hiçe sacar este traslado el qual ba çierto y berdadero segun
ante mj paso y en testimonjo de uerdad lo firme
{signature} Jhoan Gutierrez Bocanegra {rubric}
secretario
{seal}
{vertical text}
Relaçion de la xornada que se hiso a las uacas de Sibola por mandado de su señoria el sargento mayor Vicente
de Saldiuar Mendo[ç]a.

23

Variants and Paleographic Notes

A = AGI, Patronato 22, Ramo 13, fols. 1029r-
1032v; C₁ = ll86r-1188r; C₂ = 1234r-1237r.
M = Juan de Montoya, *Relación de la jornada*
(Hammond and Rey 1938:98-111).

A has a contemporary foliation 88r-91v.

C₁ 1185r1-3 *heading*: Treslado de algunas
Relaçiones que el gouernador don juan de oñate
2| ynbio al virrey conde de monterrey de algunas
jornadas descubrimientos 3| y ensayes que se
hiçieron en los Reynos y prouinças de la nueba
mexico.

C₂ 1234r1-3 *heading*: Treslado de algunas
Relaçiones que el gobernador don juan de oñate
ynbio 2| al virrey conde de monterrey de algunas
jornadas descubrimientos y ensayes 3| que se
hiçieron en los Reynos y prouinças de la nueua
mexico.

A 1029r1-3 *this heading appears as abbreviated
marginal glosses in C₁ and C₂.*

C₁ 1185r4 *marginal gloss*: Relaçion de la jornada |
[y de]scubrimiento de las | [va]cas de çibola.

C₂ 1234r4 *marginal gloss*: Relaçion del descubri- |
miento de las vacas | de çiuola.

A 1029r1 *this line is written in large letters.*
A 1029r2 *repeats* de *from the previous line.*
A 1029r7 setiembre: C₁ 1185r7 sept*iembr*e C₂
1234r7 septiembre.
A 1029r8 peccos: C₂ 1234r7 pecos.
A 1029r10 donado y: C₁ 1185r10, C₂ 1234r10 *omit*
y.
A 1029r12 tlanepantla: C₁ 1185r12 tanepantla.
A 1029r12 doctrina: C₁ 1185r12 dotrina.
A 1029r13 aver andado: C₁ 1185r13, C₂ 1234r12-
13 andadas.
A 1029r19 les: C₁ 1185r20, C₂ 1234r 19 le.
A 1029r20-21 abscon- | didos: C₁ 1185r22, C₂
1234r21 escondidos, M 23.13-14 escon- | didos.
A 1029r32 clementillo: C₁ 1185r32, C₂ 1234r31
jusepillo.
A 1029r32 traxeron: C₁ 1185v1 truxieron, C₂
1234r32 truxeron.

A 1029v1 fue: C₁ 1185v1, C₂ 1234r32 fueron.

A 1029v2 entendemos: C₁ 1185v3, M 24.5
entendimos.
A 1029v3 aquella via la que: C₁ 1185v4, C₂ 1234v3
aquella la via que.
A 1029v8 mucha: C₁ 1185v9, C₂ 1234v7 gran.
A 1029v8 le: C₂ 1234v7 les.
A 1029v9 pedilla: C₁ 1185v9, C₂ 1234v8 pedirla.
A 1029v9 ha(^st)[^zi]a: C₁ 1185v10, C₂ 1234v9
haçia.
A 1029v13 halla: C₁ 1185v13, C₂ 1234v12 alli.
A 1029v15 pinole: C₁ 1185v15 pinoli.
A 1029v17 *repeats the phrase* y ellas.
A 1029v19 enviaua: C₁ 1185v19-20, C₂ 1234v18
ynbiaua.
A 1029v28 fue: C₁ 1185v28, C₂ 1234v26 fueron.
A 1029v31 dos: C₁ 1185v30, C₂ 1234v28, M 25.13
tres.

A 1030r1 toparian como: C₁ 1185v31, C₂ 1234v29
toparon como hasta, M 25.14-15 topa- | ron con.
A 1030r7 grandisima summa de: C₁ 1186r4, C₂
1235r3 muchissimo.
A 1030r16 portañolas: C₂ 1235r11 portañuelas.
A 1030r17-18 col- | chones: C₁ 1186r14 colchines.
A 1030r21 espirienzia: C₁ 1186r18, C₂ 1235r15-16
experiençia.
A 1030r22 de tienda de cuero: C₁ 1186r18-19, C₂
1235r16 de cuero de vna tienda, M 26.20-21 de
cuero de vna tien- | da.
A 1030r24 truxo: C₂ 1235r18 traxo.
A 1030r26 en: C₁1186r23, C₂ 1235r20 con.
A 1030r30 mesmo: C₁ 1186r27, C₂ 1235r23 mismo.

A 1030v4 les: C₁ 1186r31, C₂ 1235r27 los.
A 1030v4 endereza[n]: C₁ 1186r31, C₂ 1235r27
enedereçan.
A 1030v16 afirman: C₂ 1235v7 afirmaban.
A 1030v17 juntas: C₁ 1186v11, C₂ 1235v8 *omit*.
A 1030v20 cien: C₂ 1235v10 çient.
A 1030v24 pusible: C₁ 1186v17, C₂ 1235v13
posible.
A 1030v26 rrebuelca: C₁ 1186v20 rrebuelcan, C₂
1235v16 Rebuelcan.

A 1031r1 ferroz: C₁ 1186v23, C₂ 1235v19 feroz.

A 1031r4 rretorcidas: C₁ 1186v26 Retorçidos.

A 1031r6 mucho dellos: C₁ 1186v28 mucho dello, C₂ 1235v23 dello.

A 1031r6 arriua: C₁ 1186v29 para arriba, C₂ 1235v24 para arriua.

A 1036r7 duda: C₁ 1186v29, C₂ 1235v25 dubda.

A 1031r18 cien: C₁ 1187r8, C₂ 1236r4 çient.

A 1031r19 y se admire: C₁ 1187r8-9, C₂ 1236r5 o se admire.

A 1031r21 bufallo: C₁ 1187r11 bufano.

A 1031r21 pesuñas: C₁ 1187r11-12, C₂ 1236r7 pies y uñas.

A 1031r23 tanta lana: C₂ 1236r9 tantas lanas.

A 1031r26 halli halla: C₁ 1187r15-16 alli | adelante.

A 1031v7 a partes: C₁ 1187r25, C₂ 1236r21 en parte.

A 1031v12 baquearlos: C₁ 1187r29, C₂ 1236r25 baqueallos.

A 1031v13 este camino: C₂ 1236r26 este paraje y camino.

A 1031v14 humayna: C₁ 1187r31-32, C₂ 1236r27 humaña.

A 1032r2-3 po- | dian: C₁ 1187v15, C₂ 1236v11 pudieran.

A 1032r4 elada: C₂ 1236v13 *omits*.

A 1032r8 emboscadas: C₁ 1187v21-22 en- | boscados, C₂ 1236v17 enboscados, M 33.5 emboscadas.

A 1032r13 *a different hand begins here and continues to 1032v13.*

A 1032r16 la nueba: C₁ 1187v29-30 el nueuo, C₂ 1236v25 el nuebo, M 33.17 el nueuo.

A 1032r19 cauo: C₁ 1187v32, C₂ 1236v27 y cauo.

A 1032r26 e que: C₁ 1188r5 y que, C₂ 1237r1 y que.

A 1032r28 e vna: C₁ 1188r7-8, C₂ 1237r3 y vna.

A 1032r29 e prometieron: C₁ 1188r8, C₂ 1237r3 y prometieron.

A 1032r31 capitan y el prouehedor general: C₁ 1188r10 el proueedor y capitan, C₂ 1237r5 el proueedor y capitan.

A 1032r31-32 çubia y: C₁ 1188r10, C₂ 1237r5 *omit* y.

A 1032r32 ynoxosa y: C₁ 1188r11, C₂ 1237r6 *omit* y.

A 1032r33 despinosa y: C₁ 1188r11, C₂ 1237r6 *omit* y.

A 1032r35 Robledo: C₁ 1188r13 Robles.

A 1032r36 ynfraescrito: C₁ 1188r14, C₂ 1237r9 ynfraescripto.

A 1032v1 la rrelaçion: C₁ 1188r15 la dicha rrelaçion, C₂ 1237r9 la dicha Relaçion.

A 1032v1 de berbun a berbo: C₁ 1188r15 de berbo ad berbun, C₂ 1237r10 de berbun ad berbun.

A 1032v2 conforme: C₁ 1188r16, C₂ 1237r10, M 35.8 conformes.

A 1032v6 nombres los que: C₂ 1237r13-14 nombres | lo que.

A 1032v13 *a third hand begins here and continues to the end.*

A 1032v14 *the governor's signature is wanting in C₁ and C₂.*

A 1032v15-16 de los rreynos | y probinçias de la nueba mexico presente: C₁ 1188r27-28, C₂ 1237r22 de la nueba mexico y de sus Reynos y prouinçias presente.

A 1032v17 firmo su: C₂ 1237r23-24 firmo de | su.

A 1032v18 traslado: C₁ 1188r30, C₂ 1237r24 treslado.

A 1032v18-19 berdadero segun | ante mj paso y: C₁ 1188r31, C₂ 1237r25 verdadero corregido con el original que queda en mi poder y.

A 1032v19 de uerdad: C₁ 1188r31 *omits*.

Commentary

A 1029r1 **xornada** *jornada* 'military expedition', figurative meaning derived from the basic denotation of 'day's journey'.

A 1029r1-2 **bacas de | Ziuola** 'American bison, buffalo'. Originally a name for the Zuni pueblos, *Cíbola* came to be applied to the whole region. It is the basis of the derivatives *cíbolo* 'buffalo' and *cibolero* 'buffalo hunter'. Cf. Craddock Forthcoming.

A 1029r2 **sargento mayor**: 'oficial que solía haber en los regimientos, encargado de su instrucción y disciplina: era jefe superior a los capitanes, ejercía las funciones de fiscal e intervenía en todos los ramos económicos y en la distribución de caudales' (*DRAE*).

A 1029r4 **rreal** 'campamento de un ejército, y especialmente el lugar donde está la tienda del rey o general' (*DRAE*). Juan de Oñate's first base was the pueblo called San Juan Bautista, or San Juan de los Caballeros. Cf. Bolton 1916:223, n. 2; Ortiz 1979:294.

A 1029r4 **Vizente de Zaldiuar Mendoza**: in the muster roll taken by Juan de Frías Salazar (January 8, 1598) the *sargento mayor*'s entry reads "hijo de Viçente de | Çaldiuar natural de Çacatecas de mediano cuerpo varbi- | castaño de edad de veinte y cinco años" (AGI, México 25, núm. 22-C, fol. 72v22-24). Cf. Hammond and Rey 1953, 1:289; Snow 1998:11, 24, 42, 65, 68.

A 1029r4-5 **pro- | vehedor general** 'persona o empresa que provee o abastece de todo lo necesario para un fin a grandes grupos, asociaciones, comunidades, etc.' (*DRAE*).

A 1029r5 **Diego de Zubia**: "natural de la au*diencia* de Gua- | dalaxara en la Nueua Galiçia hijo de Ju*an* de Çubias [sic] de | buen cuerpo barbicastaño con vna herida en la frente de | hedad de treinta y seis años" (AGI, México 25, núm. 22-C, fol. 73r14-17). Cf. Hammond and Rey 1953, 1:289; Snow 1998:10, 12, 24, 64.

A 1029r5 **el capitan Aguilar**: "Pablo de Aguilar Ynojosa hijo de Ju*an* de Hinojosa | Valderrama natural de Ecija de buen cuerpo barbicastaño de hedad | de treinta y seis años" (AGI, México 25, núm. 22-C, fol. 75v23-25). Cf. Hammond and Rey 1953, 1:293; Snow 1998:17, 34, 41, 54.

A 1029r6 **sesenta**: Villagrá, *Historia*, 16, v. 175 gives "Cincuenta" while M 22.14 adds a cipher "600."

A 1029r6 **aviados** 'equipped'.

A 1029r7 **vaqueria**: in this context derived from *vacas* (*de Cíbola*), with the meaning of 'buffalo plains', literally 'cow country'.

A 1029r8 **Peccos**: easternmost of the Rio Grand pueblos; *Pecos* is the Keresan name of the pueblo, called by its Towa name *Cicuye* in the earlier Spanish documents. Cf. Kessell 1979:78; Schroeder 1979a:436-437. The region around Pecos pueblo was constituted into one of the Franciscan provinces for missionary activity in a public ceremony on Sept. 8, 1598 (AGI, Patronato 22, ramo 13, fols. 1033r-1034v), cf. fol. 1033v11-12: "la prouuinzia de los peccos que nos cae hacia el oriente con los yndios querechos | y serranos de su comarca." See also Ayer, Hodge, and Lummis 1916:231-233; Brandon 1990:64.

A 1029r9 **fray Fran*cisco* de sant Miguel** was assigned as missionary to the Pecos "province"; see Kessell 1979:82-85.

A 1029r10 **Juan de Dios**: see Kessell 1979:45, 77-78, 81-85; Snow 1998:12.

A 1029r10 **donado** 'persona que, previas fórmulas rituales, ha entrado por sirviente en orden o congregación religiosa, y asiste en ella con cierta especie de hábito religioso, pero sin hacer profesión' (*DRAE*).

A 1029r10 **naguatato** 'interpreter'. Cf. Nahuatl *nahuatlatoa* 'to be an interpreter', lit. 'to speak Nahuatl'; cf. Karttunen 1992:158.

A 1029r11 **Espexo**: Antonio de Espejo led an exploration of Nuevo México en 1582-1583, cf. Hammond and Rey 1966:15-28, 153-242; Snow 1998:11.

A 1029r11 **Tamos**: in his report, Espejo says (AGI, Patronato 22, ramo 1, fol. 17r33) "¶ En estos pu*eblo*s teniendo notiçia que a vna jornada 34| de la dicha prou*in*çia auia otra fuimos a ella q*ue* [fol. 17v] 1| son tres pu*eblo*s muy grandes que nos pareçio ten- 2| dria mas de quarenta mill animas q*ue* se llama 3| la prouinçia de los Tamos." See Hammond and Rey 1966:229. Pecos lies immediately to the northeast of the three Tano pueblos, Galisteo, San Cristóbal, and San Lázaro; see Kessell's map (1979:66), Schroeder 1979b:247-248, and Ayer, Hodge, and Lummis 1916:227-231.

A 1029r11 **Pedro Oroz**: according to Kessell (1979:43-44), he taught the Towa language of Pecos to Juan de Dios. Cf. Snow 1998:11-12.

A 1029r12 **Tlanepantla**: formerly *Tlalnepantla*, in the district of Tacuba, just to the north of Mexico City, see Gerhard 1993:247-249, with map. As David Weber has pointed out to me, **doctrina** took on the meaning of 'mission' in Spain's American colonies. Nevertheless, the construction "en poder y doctrina de los padres" on the surface means only 'under the authority and tutelage of the fathers', but there is no doubt a play on words here involving the literal meaning of *doctrina* 'instruction' and the metonymic denotation 'mission'.

A 1029r15 **almonazi**: perhaps related to the Spanish place name *Almonacid* (in the provinces of Cuenca, Guadalajara, Toledo, and Zaragoza). As Bolton noted (1916:223, n. 5), the Indian Jusepe testified to having seen the same groves of plum trees while traveling with Humaña and Leyva (AGI, Patronato 22, ramo 13, fol. 1019v36-38): "desde que salieron del pu*eblo* de los d*i*chos pecos | a çinco o seis leguas toparon con gran cantidad de ar- | voles de çiruelos que semexan a los de cast*illa*."

A 1029r16-17 **rria-** | **chuelo pequeño**: identified by Bolton (1916:224, n. 1) and Hammond and Rey (1953, 1:398, n. 3) as the Gallinas river, near Las Vegas.

A 1029r17-18 **vagre, sar-** | **dina, camaron y matalote** 'catfish, silvery chub, crayfish, and gila (hump-backed chub)': on all these but *camarón* see the detailed discussion by Lummis (Ayer, Hodge, and Lummis 1916:261-262) of a passage in Fray Alonso de Benavides' *Memorial* of 1630. 'Crayfish' for *camarón* is Polt's suggestion, and avoids nicely the problem posed by the fact that prawns and shrimp (Bolton 1916:224; Hammond and Rey, 1953:398) are saltwater crustaceans. However, in his translation, Polt prefers to reflect the ichthyonymic imprecision of the original. For *bagre* Bolton has "pilchard" 'saltwater fish of the herring family' while Hammond and Rey leave the Spanish word untranslated. Cf. also Espinosa 1933:146, n. 23.

A 1029r18 **con solo anzuelo**: 'by fishhook alone', i.e., without nets or any other means to catch the fish. Montoya (23.8) converts this to "con solo vn anzuelo" 'with just one fishhook', a misinterpretation favored, no doubt independently, by Bolton (1916:224) and Hammond and Rey (1953, 1:398). Villagrá (1610, canto 16, v. 184) uses the same expression "con solo anzuelo," as noted by Bolton (1916:224, n. 2), who in his footnote hits upon a more accurate translation: "with hooks only."

A 1029r20 **yndios vaqueros**, i.e., Indians who lived off the buffalo ("vacas de Cíbola"). At this time and in this region they were presumably Apaches, i.e., "Inday, or Plains Apache" according to Brandon 1990:64, who notes that the term *Apache* comes from a Zuni word meaning 'enemies'. Strictly speaking, *vaquero* in this document means 'buffalo hunter'. Bolton (1916:224) has "herdsmen" which would seem appropriate only for those who supervise domesticated livestock, while Hammond and Rey leave the term *vaquero* untranslated.

A 1029r20 **rrescates**: 'objects for barter' but, as here, often used as propitiatory gifts. Villagrá, *Historia*, Canto17, v. 156, indicates that these *rescates* consisted mainly of beads, i.e., "cuentas y abalorios"; see the commentary to that verse. For a long list of the items Oñate took with him as *rescates*, see the Frías Salazar inspection, AGI, México 25, núm. 22-C, fols. 21r-23v; Hammond and Rey 1953, 1:220-223.

A 1029r32 **Clementillo**: in C_1 and C_2 "Jusepillo," which corresponds to the name Jusepe that appears in all the other documents of the Oñate expedition. Cf. Snow 1998:12, 31.

A 1029r32 **Vmayña y Leyua**: Antonio Gutiérrez de Humaña y Francisco Leyva de Bonilla led an unauthorized and ill-fated expedition to Quivira in 1593. In his royal appointment as captain general and *adelantado* (AGN, Ramo Civil 1988, fols. 226r-230v; cf. Hammond 1938; Hammond and Rey 1953, 1:59-64), one of the tasks given to Oñate was to bring them back to Mexico City where they were to be charged with conducting an illegal expedition. However, Oñate learned from the Mexican Indian called Jusepe (but "Clementillo" in A), a survivor of the Humaña/Leyva expedition whom the *adelantado* found in the pueblo of San Juan Bautista, that Humaña had murdered Leyva and that, so far as Jusepe knew, all the Spaniards had perished. See Hammond and Rey 1966:48-50, 323-326; Snow 1998:12. Jusepe's testimony is recorded in AGI, Patronato 22, ramo 13, fols. 1019r-1021r (with two copies, fols. 1195r-1196v, 1243v-1245v).

A 1029v2 **el afamado rrio de la Mag*dal*ena**: this description suggests the Mississippi, though Bolton (1916:224-225, n. 4) considers various other possibilities. At this time "La Florida" did not designate just the peninsula of that name, but the entire southeast quadrant of the North-American continent.

A 1029v4 **Caueza de Vaca**: the early explorers of New Mexico frequently recalled that Cabeza de Vaca and his fellow survivors were the first Europeans to traverse the region (1527-1536). For instance, in Hernán Gallegos' *Relación* of the expedition to New Mexico carried out by Fray Agustín Rodríguez and Francisco Sánchez Chamuscado in 1581, while the party was still south of El Paso del Norte, they inquired of the Indians whether any other Europeans had passed that way: "dixeron que mucho tiempo abia | que auian pasado por alli quatro cristianos y por las señas que | nos dieron entendimos clara y abiertamente seria Albaro Nu- | ñez Cabeça de Vaca porque segun su Relaçion paso por esta gente" (AGI, Patronato 22, ramo 4, fol. 32r17-20); cf. Hammond and Rey 1966:77; Snow 1998:8.

A 1029v5 **patarabueyes**: perhaps one of the Jumano tribes of north-central Mexico. Cf. Ayer, Hodge, and Lummis 1916:272, Hammond and Rey 1966:10-11, 19.

A 1029v5 **que fuesen delante**: the subject of the verb is A 1029r30-31 "los | tres yndios"; the construction is awkwardly interrupted by the digression concerning "Clementillo/Jusepillo."

A 1029v8-9 **el modo | que tienen**: a similar greeting was described in a document that records the testimony of the soldiers who accompanied Oñate in his expedition to Quivira in 1601: (AGI, Patronato 22, ramo 4, fol. 165r): "casi a ducientas leguas del d*i*cho Real | de san grabiel comenzaron a ver yndios a los | quales pusieron por nombre los escanjaques | porque les salieron a dar la paz alzando anbas ma- | nos al sol e puniendoselas en los pechos | diziendo escanxaque que es señal de paz."

A 1029v12 **oracion**: 'evening', literally '[evening] prayer'; 'punto del día cuando va a anochecer, porque en aquel tiempo se toca en las iglesias la campana para que recen los fieles el avemaría' (*DRAE*).

A 1029v15 **pinole**: 'flour made from ground corn or mesquite beans'. On the latter form of the concoction, see Hallenbeck 1971:167-168.

A 1029v20 **fauorezer... castigar**: this is very much in the spirit of the *requerimiento*, according to which natives confronting Europeans for the first time were offered the drastic alternatives of immediate submission or war "a sangre y fuego." See Zavala 1988:78-81, 487-497, 727-732 (text of the *requerimiento* 215-217).

A 1029v22 **jumanas**: poorly identified tribal grouping located in West Texas and the adjacent portions of Mexico. See Ayer, Hodge, and Lummis 1916:272-275; Griffin 1983; Hickerson 1988, 1990, and esp. 1996 for an account of Zaldívar's reprisal against the Jumanos in 1601.

A 1029v23 **rrayados**: 'painted or tatooed with stripes'; cf. Campbell 1983:353.

A 1029v23 **chichimecos**: general designation for the nomadic tribes of northern Mexico who resisted both Aztec and Spanish domination with great ferocity. See Powell 1952:33, and the bibliograpy he cites on p. 234, n. 1.

A 1029v28 **picon**: 'goad, stimulus', derived from the verb *picar* 'to sting, prick'; 'chasco, zumba o burla que se hace a uno para picarle e incitarle a hacer una cosa' (*DRAE*).

A 1030r5 **rrio**: the Canadian River, according to Bolton 1916:226, n. 1.

A 1030r12 **chalchiguitillos**: diminutive of *chalchihuite*, a designation for various types of semi-precious stones. In this context turquoises are meant.

A 1030r17 **votones y portañolas**: 'buttons and straps' for closing the entrance to the teepees.

A 1030r19 **olgadamente**: 'with room to spare', literally 'comfortably', derived from the verb *holgar* 'to rest, relax'. **adouo**: derived from *adobar* 'curtir las pieles y prepararlas para varios usos' (*DRAE*).

A 1030r25 **arroua**: the *arroba* was a measure of weight, about 25 pounds/12.5 kilograms.

A 1030r26 **mochila**: 'backpack'; 'bolsa de cazadores y excursionistas' (*DRAE*).

A 1030v2 **matadillos**: related to *mataduras* 'saddle sores', or any abrasion caused by a harness, saddle, etc. Compare "paso muestra con tres bestias muy | flacas y matadas," a phrase that occurs in the muster roll of the survivors of the Pueblo Revolt taken by governor

Antonio de Otermín on Sept. 29, 1680 (AGI, Guadalajara, 138, fol. 356r19-20); Hackett and Shelby (1942, 1:144) translate "matadas" as 'saddle-galled'. **encuentros**: here an anatomical term referring to the shoulder joint; 'sobaco, concavidad que forma el arranque del brazo con el cuerpo' (*DRAE*). The dogs had sores around their shoulders from the travois harnesses. Compare Villagrá, *Historia*, Canto17, vv. 46-48 "andan todos [los perros de la recua] lastimados, | Qual suelen nuestras bestias con la carga, | Que se les va assentando con descuido."

A 1030v6 **sueltas**: 'fetters, hobbles' to restrain grazing livestock; **olgaron**: 'they rested'.

A 1030v6-7: the feast of Saint Francis is the 4th of October.

A 1030v7 **golpe** 'main part of a collection of objects, main group of a multitude'.

A 1030v15 **maneadas** 'hobbled, fettered' from *manear* 'poner maniotas a las caballerías' (*DRAE*).

A 1030v21 **aventada**: approximately synonymous with *arreada* (*de reses*), from *arrear* 'estimular a las bestias para que echen a andar, o para que sigan caminando, o para que aviven el paso' (*DRAE*). The same idiom, with an archaic form of the definite article, appears in Villagrá's *Historia*, 17, v. 124: "dar el auentada"; Madrid Rubio et al. 1991:301, n. 5, gloss it as 'hacer la espantada'; Encinias et al. 1992:159, n. 12, gloss *aventada* as 'ahuyentada del ganado'.

A 1030v23 **apiñados** 'joined or grouped together closely', i.e., like a seeds of a pinecone (*piña*).

A 1030v25 **matrero** 'cunning, tricky'.

A 1031r11 **enperraronse**: from *emperrarse* 'obstinarse, empeñarse en no ceder' (*DRAE*).

A 1031r12 **rabiatadas** 'tied by their tails' from *rabo* 'tail' + *atar* 'to tie, bind'.

A 1031r20 **terçia** 'one third of a yard (*vara*)'.

A 1031r26 **agujas** 'fore ribs', literally, 'needles'; 'costillas que corresponden al cuarto delantero del animal' (*DRAE*).

A 1031r28 **estacados** 'separated' from archaic

estacar, mod. *destacar* 'to separate'.

A 1031v4 **ligabanbas** for *ligagambas* 'garter'; 'liga de las medias y calcetines' (*DRAE*).

A 1031v5 **derrengados**: literally 'broken in the back or hips', a reference to the notable slope from shoulder to hips in the buffalo; **cazcoruos** 'knock-kneed'.

A 1031v7 **leonados** 'tawny', 'de color rubio oscuro' (*DRAE*).

A 1031v8 **rretinto** 'dark chestnut', 'de color castaño muy oscuro' (*DRAE*).

A 1031v16-17 **vnas mesas lla- | nisimas**: here *mesa* means 'flatland'; the expeditionaries were on the northern reaches of the immense Llano Estacado, cf. Morris 1997:138-141, 374-375.

A 1031v21 **el norte**: 'the north star'; 'dirección, guía, con alusión a la estrella polar, que sirve de guía a los navegantes' (*DRAE*).

A 1032r4 **manteca elada** 'hardened (lit. frozen) fat'.

A 1032r32-33 **Marçelo | d'Espinosa**: "natural de Madrid hijo de Antonio | de Espinosa de vuen cuerpo varbicastaño de hedad de veinte e vn años" (AGI, México 25, núm. 22-C, fol. 73r21-23). Cf. Hammond and Rey 1953, 1:289-290; Snow 1998:18, 37, 53.

A 1032r33 **Domingo de Liçama**: "hijo de Juan de Obregon natural | de la uilla de Vilbao alto de cuerpo barbirojo con vna herida | en la nariz de hedad de veinte y siete años" (AGI, México 25, núm. 22-C, fol. 76r7-9). Cf. Hammond and Rey 1953, 1:293; Snow 1998:20, 38, 56.

A 1032r33 **Marcos Cortes**: "hijo de Juan Martinez natural de [Ç]alamea de la | Serena de buen cuerpo barbicastaño con vna berruga en | la mexilla derecha de hedad de treinta años" (AGI, México, leg. 25, núm. 22-C, fol. 76v22-24). See Hammond and Rey 1953, 1:294; Snow 1998:18, 37, 41, 49. This person plays a significant role in Villagrá's *Historia*, see below.

A 1032r34 **Juan de Pedraça**: "hijo de Alonso Gonçalez natural de Cartaya mo- | reno alto de cuerpo barbinegro con vna herida grande hencima | del ojo hizquierdo de hedad de treinta

años" (AGI, México 25, núm. 22-C, fol. 75v8-10). Cf. Hammond and Rey 1953, 1:293; Chávez 1992:86; Snow 1998:22, 39, 52, 77.

A 1032r34 **Alonso Sanchez**: "El contador Alonso Sanchez nautral de la uilla de Niebla en Castilla hijo | de Alonso Marques de mediano cuerpo varbicano de edad de | cinquenta años" (AGI, México 25, núm. 22-C, fol. 73r7-9). Cf. Hammond and Rey 1953, 1:289; Snow 1998:11, 23, 52, 68.

A 1032r34 **Hernando Ynojos**: "Hernando de Ynojos hijo de Juan Ruiz natural de Cartaya de buen cuerpo | barbicastaño de hedad de treinta y seis años" (AGI, México 25, núm. 22-C, fol. 77v11-12). Cf. Hammond and Rey 1953, 1:296; Chávez 1992:48-49; Snow 1998:20, 38, 42, 51, 72, 76.

A 1032r34-35 **Esteban de | Sosa**: "hijo de Francisco de Sosa Peñalosa natural de la | Puana alto de cuerpo mal varuado de hedad de veinta y vn años" (AGI, México 25, núm. 22-C, fol. 77r17-18). Cf. Hammond and Rey 1953, 1:295; Snow 1998:66.

A 1032r35 **Joan de Olague**: "hijo de Miguel de Olague natural de Panico [*sic*; for Pánuco?] de buen | cuerpo y talle baruiponiente de hedad de diez y nueue años" (AGI, México 25, núm. 22-C, fol. 78v7-8). Cf. Hammond and Rey 1953, 1:297; Snow 1998:22, 39, 42, 65, 71, 77.

A 1032r35 **Joan de Salas**: "hijo del contador Alonso Sanchez desbarbado de buen cuerpo | de hedad de veinte años" (AGI, México 25, núm. 22-C, fol. 77r26-27). Cf. Hammond and Rey 1953, 1:295; Snow 1998:23, 40, 43, 64, 67, 78, 79, 81-82.

A 1032r35 **Diego Robledo**: "natural de Maqueda hijo de dicho Pedro Robledo | de arriba de buen cuerpo barbirojo de hedad de veinte y siete años" (AGI, México 25, núm. 22-C, fol. 73v21-22). Cf. Hammond and Rey 1953, 1:290; Snow 1998:22, 39, 42, 55.

A 1032r35-36 **Diego de Ayarde**: "Diego de Ayardi hijo de Bartolome de Ayardi natural de | Guadalajara en esta Nueua España alto de cuerpo barbicast*año* | pecoso de biruelas y vn dedo de la mano hizquierda herido" (AGI, México 25, núm. 22-C, fol. 76v25-27). Cf. Hammond and Rey 1953, 1:295; Snow 1998:17, 36, 64, 71, 75, 79.

A 1032v8 **el contador**: Alonso Sánchez, see above A 1032r34.

A 1032v9 **Joan Hortiz**: "Ju*an* Ortiz Requelmo hijo de Ju*an* Lopez Ortega natural de Seui*lla* | de pequeño cuerpo barbicastaño con vna herida encima del ojo hiz- | quierdo de hedad de veinte y ocho *años*" (AGI, México 25, núm. 22-C, fol. 75v17-19). Cf. Hammond and Rey 1953, 1:293; Snow 1998:22, 39, 55.

A 1032v9 **Joan Belazq***uez* **de Cabanillas**: "Ju*an* Velazquez de Cauanillas hijo de Christoual Hidalgo de Cauanillas | natural de Çalamea de la Serena de pequeño cuerpo barbicastaño de hedad de veinte y quatro *años*" (AGI, México 25, núm. 22-C, fol. 77r4-6). Cf. Hammond and Rey 1953, 1:295; Chávez 1992:13; Snow 1998:24, 49, 78.

A 1032v13 **Joan Gutierrez Bocanegra**: "El capp*ita*n Bocanegra hijo de Al*onso* de Cuenca natural de Villanueua | de los Infantes alto barbinegro con vna pedrada encima | del ojo hizquierdo de hedad de quarenta y quatro *años*" (AGI, México 25, núm. 22-C, fol. 77r8-10). Cf. Hammond and Rey 1953, 1:295; Snow 1998:19, 37, 41, 50, 68, 71, 76.

An Account of Sergeant Major Vicente de Zaldívar's
Expedition to the Buffalo Herds,
September 15 to November 8, 1598

(Copy Dated February 23, 1599)

Translated by John H.R. Polt
Department of Spanish and Portuguese
University of California, Berkeley

An Account of the Sergeant Major's Expedition
to the Cattle of Cíbola
on the 15th of September of the Year 1598

On the 15th of September Sergeant Major Vicente de Zaldívar Mendoza, along with Quartermaster General Diego de Zubía, Captain Aguilar, and as many as sixty other officers and soldiers, very well supplied with many droves of mares and other equipment, set out from camp in search of the cattle of Cíbola; and they reached the Pecos on the 18th, whence they proceeded on the 20th, leaving behind Father Fray Francisco de San Miguel of the Order of St. Francis as prelate of that province, as well as Juan de Dios, a servant of the order and interpreter of the language of that place, which Espejo called the Province of Tamos and which was the home of one Don Pedro Oroz, an Indian from these lands who died in the Franciscan mission at Tlanepantla, where he served the fathers and received instruction from them. And after traveling four leagues they reached the place where there is a great abundance of Castilian plums, plums like those of Almonacid, near Cordova. The next day they traveled another five leagues, and after three leagues they found water, but there was none where they spent the night. The next day they traveled two leagues to a small creek with little water but a great many fish—catfish, sardines, prawns, and *matalote*— where with nothing but hooks they caught five hundred catfish that night, and many

more the next day.

At that spot four Vaquero Indians came out to meet them and were given food and presents. One of them stood up and shouted to many Indians who were in hiding, and they all came to where the Spaniards were. They are strong people, fine bowmen. The Sergeant Major gave them all presents and reassured them and asked them for a guide to take them to the cattle, whom they supplied very cheerfully.

The next day they traveled six leagues and reached a pool of rain water. There three Indians came down from the mountains; and when they were asked where they were camping, they said that it was a league off and that they were greatly upset at seeing us marching through those lands. And to avoid upsetting them even more by taking many people to their encampment, the Sergeant Major set out for it with a single soldier. And he had an interpreter with him, whose name was Clementillo and who was one of the Indians whom Humaña and Leyva brought and who went with them as far as a very great river that flows eastward toward Florida and that we all believe to be the famous Río de la Magdalena that flows into the said Florida and to be the route taken by Dorantes, Cabeza de Vaca, and the black man when they came from Florida into these lands and to the encampments and mountains of the Patarabueyes; and through this interpreter he told the three Indians to go ahead and reassure their people, because he wanted only to go see them and be their friend.

And when he had gone about three quarters of a league from his camp a great many people came out to meet him, by fours and by sixes, asking him to be their friend; and their way of doing this is to raise the palm of the right hand toward the sun and then turn it toward the person whose friendship they seek. To them also he gave presents; and they urged him most insistently to come to their encampment, and although it was almost nightfall he had to go lest they think he was kept away by fear.

He arrived there and spent some time with them on the most friendly terms and came back to his camp late at night; and the next day, as he was marching on, many Indians, men and women, came out to meet him bringing toasted corn meal. Most of the men go naked, though some cover themselves with blankets and with the skins of these cattle of Cíbola; and the women wear something like chamois trousers, and shoes or boots made in their fashion. He gave them some gifts and through the interpreter told them that the Governor, Don Juan de Oñate, was sending him to let them know that he would help those who were loyal to His Majesty and punish those who were not. This reassured them all and pleased them greatly. They asked him to help them against the Jumanas, which is what they call an Indian people decorated with stripes like the Chichimecos. The said Sergeant Major promised them that he would try to bring about peace among all of them because that was why he had come to their lands.

And after they had taken their leave he set out from that place and in three more days marched ten leagues, and at the end of this march he saw the first bull of Cíbola, which, being rather old, was moving slowly, grazing by itself; and this led to much rejoicing and spurred everyone on most vigorously, because the least man in the company would have considered ten thousand cattle all too few for his private herd. Then more than three hundred head appeared by some ponds, and in two more days they covered about seven leagues and came upon some four thousand head of cattle. And that place was well suited for the construction of a corral with wings, and as they were making the necessary preparations the cattle went off more than eight leagues farther inland.

When the Sergeant Major saw this he went ahead with ten of his soldiers to a river that was six leagues off and that comes from the direction of the province of the Picuríes and the snow-covered mountains to be found there, where the guide had told him there were a great many cattle; and when he reached the river the cattle had gone away, because a great many cattle-hunting Indians had passed by there at that time on their way from trading with the Picuríes and Taos, large communities here in New Mexico, to whom they sell meat, hides, fat, and tallow in exchange for blankets, cotton, pottery, corn, and some green gemstones that they use.

He spent the night by that river; and returning to his camp the next day he came across an encampment with fifty round tents of tanned hides, all bright red and white, with buttons and straps to close their openings as artfully made as they are in Italy, and the tents so large that the simplest among them easily held four separate beds and mattresses, and so skillfully tanned that even in a pouring rain the water cannot penetrate them, nor does the leather grow hard but, on the contrary, when it dries it is as soft and pliable as before. And since this was so astonishing he wanted to make a test; and cutting a piece of leather from a tent he soaked it in water and then set it to dry in the sun, and it came out as pliable as if it had never been wet. The said Sergeant Major obtained one tent in exchange for gifts and brought it to this camp; and though it is as large as stated above, its weight did not exceed fifty pounds.

And for this load and the poles with which they pitch the tent and a bag with their meat and meal or maize the said Indians use medium-sized shaggy dogs that serve as their mules, and these move in a long string, harnessed at the chest and haunches; and even carrying at least a hundred pounds they lope along as fast as their masters, and it is quite a sight, and a very amusing one, to see them trotting on their way, one after the other, the tips of the poles dragging behind them, and almost all of them with sores on their shoulders. And to load them the women hold their heads between their legs and then load them or adjust the load, which is rarely necessary, because they move along as though they had been trained with a hobble.

After returning to their camp they rested that day and the next, since it was the feast of St. Francis; and on the 5th of October they marched off to reach the great herds of cattle, and in three days they traveled fourteen leagues and found and killed many a head of cattle. And the next day they advanced another three leagues looking for a good location and supplies for building a corral; and when they found these they began to build it out of great cottonwood logs, and they spent three days at this and made it so large and with wings so wide that they thought they would be able to enclose ten thousand head, because during those days they saw so many cattle, and so close to the tents and horses, that they considered them a sure catch, the more so because when they run they move in little leaps and as though hobbled, and because those who have seen both declare that in that single place there were more cattle than in three of the largest ranches in New Spain.

The day after the corral was finished they rode out on a plain where the previous afternoon there had been some hundred thousand animals; and when they began to drive them the cattle headed very nicely toward the corral and in a short while turned around in a fury toward the advancing troops and broke through their ranks, though they were riding close together; and it was impossible to hold them back, because this is the most stubborn and fierce animal imaginable and so cunning that if you chase it, it runs, and if you stop or slow down, it stops and rolls on the ground as if it were a mule, and after this short rest it runs off again.

For several days they tried in countless ways to enclose these animals or round them up, and there was no way to do it; and this is not surprising because they are remarkably wild and fierce, so much so that they killed three of our horses and badly wounded forty others, because they have very sharp horns, not very long, about a foot, and turned in toward each other at the top, and they thrust sideways with their head greatly lowered, so that they tear open whatever they catch. In spite of all this, many were killed; and they obtained over two thousand pounds of fat, which is unquestionably much superior to pork fat, just as the meat of the bulls is superior to that of our cows, and that of the cows equals that of our tenderest calves or sheep.

And so, seeing that the adult cattle could not be taken alive, the Sergeant Major decided to have some calves caught; and they struggled so frantically that of the many that were taken, some tied by their tails and others slung over the horses, not one survived the distance of one league to his camp, but all died within an hour or so; and thus it seems that unless they are newborn and suckled by our cows there will be no way to capture them until they become tamer than they now are.

And their shape and form is so unusual and comical or astonishing that the more you see them, the more you want to see, and there is no man so melancholy that if he saw them a hundred times a day he would not laugh very heartily another hundred times and be amazed at the sight of so fierce an animal, whose horns are black, of the above-mentioned length, a foot, and look like a water buffalo's horns; their eyes, small; face, muzzle, and hooves like those of our cattle, except that both the bull and the cow have a heavy beard like a billy goat's and so much wool that it covers their eyes and face, and the tuft at the top almost hides the horns. This wool, which is long and very soft and supple, hangs almost halfway down their bodies, and from there on the fur is shorter. There is so much wool over their ribs and their back rises so much that they seem to be hunchbacked, though as a matter of fact they scarcely are, because when their hides are stretched out, the hump is easily eliminated. On the whole they are larger than our cattle; their tail is like a pig's, with a few bristles at the end, very short and twisted upward when they run. At their knees they have natural garters of very long fur. Their haunches, which are like a mule's, slope downward as though broken; and their hind legs are bowed, so that they run as described above, by leaps, especially when going downhill. They are all of the same color, black and a little tawny, with some of the fur very dark brown. This is their appearance, which, when you see it, is a great deal fiercer than the pen can convey.

One could kill all the cattle one wanted; but bringing them to these settlements, which lie some thirty or forty leagues away from them, would be very difficult if the aim were to bring them alive, unless with the passage of time and patient tending they become tamer.

Along the way this expedition found some of the places where Leyva and Humaña stopped and slept when they left these lands, fleeing from the men who were coming from New Spain to arrest them.

The favorite haunts of the abovementioned cattle are some very flat tablelands that extend for many leagues, because after climbing up to them—a very short climb, like up some hills—our men marched on for thirty leagues amid countless cattle and never found an end to them; and on those tablelands there is no mountain or tree or bush, and while they were up there they steered by the sun and the north star. On the highest part of these tablelands there runs a mid-sized river, an amazing thing because it seems to run higher there than at its source and seems to run rather uphill than down. There are abundant fish and crayfish in it. At the foot of these tablelands, in some places where there are ravines, there are a great many junipers and countless springs that come right out of the tablelands; and half a league off to one side of them there are great groves of cottonwoods.

In all that land there are many Indians. They camp in the abovementioned leather tents. They always follow the cattle and travel in their wake as cozy in their tents as they might be in any house; and since they eat their meat almost raw and a lot of fat and tallow in place of bread—a piece of meat in one hand and the hard fat in the other, taking a bite alternately from one and the other—they grow

healthy and sturdy and brave. Their weapons are flint-tipped arrows and very long Turkish bows. Our men saw some arrows with long bone tips, but just a few, because flint is better for killing the cattle than these long shafts; and they kill them at the first shot, lying in wait for them at the watering places in very skillfully made blinds, as all those who went there could see.

And they and the said Sergeant Major were under way fifty-four days and returned to this camp on the 8th of November of the year 1598, thanks be to God.

In the town of San Juan Bautista on the 23d day of February of the year 1599, before Don Juan de Oñate, Governor and Captain General of the provinces and kingdoms of New Mexico, their conqueror, settler, and pacifier on behalf of the King our lord, etc., Vicente de Zaldívar Mendoza, Sergeant Major, Captain in command of the troops in the said kingdoms and of His Majesty's army, presented this account of the expedition he made by his excellency's command to the cattle of Cíbola; and the said Governor, so that His Majesty and his tribunals and viceroys might see and understand that it is wholly truthful, ordered that it be read in its entirety to some of the officers and men who had gone with the said Sergeant Major and who were present, and that they respond to it and sign their declarations with their names, for which purpose the said governor had all of the above mentioned swear an oath by God and on a Cross, as prescribed by law, and they did so and promised to speak the truth, and they were the said Vicente de Zaldívar Mendoza, Sergeant Major, and the Captain and Quartermaster General Diego de Zubía, and Captain Pablo de Aguilar Hinojosa, and Captain Marcelo de Espinosa, and Ensign Domingo de Lizama, Marcos Cortés, Juan de Pedraza, Alonso Sánchez, Hernando Hinojos, Esteban de Sosa, Juan de Olagüe, Juan de Salas, Diego Robledo, and Diego de Ayarde, to all of whom I, the undersigned secretary, read the account as stated above, word for word, as often as was needful; and they all replied and said that everything contained in it is accurate and true and is what happened in their presence during the abovementioned expedition to the cattle, under the said oath that all had taken and that they reaffirmed when it was read to them; and those who knew how to do so signed their names, and they are those shown here in their signatures. And concerning all of this I, the said secretary, certify that it took place in my presence and was witnessed by the controller of the royal treasury and Juan Ortiz and Juan Velázquez de Cabanillas and other persons.

Don Juan de Oñate. Vicente de Zaldívar Mendoza. Diego de Zubía. Pablo de Aguilar Hinojosa. Marcelo de Espinosa. Domingo de Lizama. Alonso Sánchez. Esteban de Sosa. Juan de Pedraza. Diego Robledo. Juan de Salas.

Before me, Juan Gutiérrez Bocanegra, secretary.

{SIGNED: Don Juan de Oñate}

And I, the said Juan Gutiérrez Bocanegra, captain commissioned by the King our lord and his secretary for the kingdoms and provinces of New Mexico, was present at the above along with the said governor who signed his name here, and by his command I had this copy made, which is a true and accurate account of what took place in my presence, in witness whereof I have signed it:

{SIGNED: Juan Gutiérrez Bocanegra, secretary.} {SEAL}

"Tipi Camp" by Frederick N. Wilson (cf. Wilson 1981:159).
See Zaldívar's *Relación*, A 1030r13ff.; *Historia de la Nueva México*, Canto 17, vv. 164-170.

The **Historia de la Nueva México,**
by Gaspar Pérez de Villagrá (1610)

In Pérez de Villagrá's *Historia*, Zaldívar's expedition is given 307 verses, spread over cantos 16 and 17. Occasionally there seem to be textual reminiscences of the latter's *Relación*, as noted by Bolton (1916:226, n. 3), but they are few and possibly coincidental. The poet adds a great deal of what we might now call "human interest" detail, which he either heard from the expeditionaries or wove from whole cloth: the appearance of an Indian who, disguised rather in the manner of a kachina dancer, attempts to frighten the Spaniards (16, vv. 187-226); the calm and dignified comportment of the fair-haired and blue-eyed native chieftan who provides the Spaniards with a guide (16, vv. 227-273); and the adventures of Marcos Cortés, who, having lost track of the guide after the latter took to his heels, manages to recruit an even dozen replacement guides (16, vv. 275-309, 17, vv. 1-55). These episodes lack, so far as I have been able to discover, any documentary confirmation.

Villagrá's account corresponds to Zaldívar's *Relación* most closely at the beginning (16, vv. 173-186), where he rhapsodizes about the fertile countryside and the good fishing; within the episode describing the adventures of Marcos Cortés (17, vv. 41-48), where he describes the Indians' use of dogs as beasts of burden with their travois; and at the end, (17, vv. 56-170), where he provides a lively account of the buffalo hunt and, as a sort of afterthought, mentions the exceptional qualities of the teepees of the plains Indians. After this last passage the transition to the next topic is remarkably abrupt, but vv. 152-153 indicate that the episode of Zaldívar's expedition has concluded.

During his account of an attempted roundup of the buffalo, Villagrá includes a long list of the names of the expeditionaries (17, vv. 116-136), a sort of catalogue of heroes in Homeric fashion, with many more names than those of the witnesses to Zaldívar's *Relación*. This catalogue is thus in many cases the only evidence available for their participation in the expedition.

There are five recent editions of Villagrá's *Historia*: Junquera 1989, Madrid Rubio et al. 1991, Encinias et al. 1992, Echenique March 1993, and Crespo-Francés y Valero and Junquera 1998:139-305. Echenique March reprints González Obregón's edition (1900) with a new introduction. There are two translations into English, Espinosa 1933, with introduction and notes by Frederick W. Hodge, and Encinias et al. 1992, who provide in parallel columns with the Spanish text a revised version of an unpublished translation by Fayette S. Curtis. The 1610 edition was described by Henry R. Wagner (1937, 1:194-196).

The following is a facsimile and transcription of the passage dealing with Zaldívar's expedition. In the transcription, the spelling of the original has been maintained, though no attempt has been made to distinguish the two shapes of the letter *s*. Abbreviations have been resolved with italics, and one obvious typographical error has been corrected in square brackets. In the original, each verse is set off with a comma at the end, which often has no grammatical significance and, indeed, must often be ignored, since enjambment is quite frequent. In the transcription, the punctuation has been modernized. The verse form is simplicity itself: unrhymed hendecasyllables without stanzas, except that a rhymed couplet concludes each canto. John Polt's translation represents the first attempt to render the text in English verse (iambic pentameter).

HISTORIA
DE LA NVEVA
MEXICO, DEL CAPITAN
GASPAR DE VILLAGRA.

DIRIGIDA AL REY D. FELIPE
nuestro señor Tercero deste nombre.

Año   1610.

CON PRIVILEGIO.

En Alcala, por Luys Martinez Grande.
A costa de Baptista Lopez mercader de libros.

In the Frías Salazar muster roll, the poet is listed as "El cappitan Gaspar de Villagra hijo de Hernan Perez de Villagra na- | tural de la Puebla de los Angeles de mediano cuerpo en- | trecano de hedad de quarenta años" (AGI, México 25, núm. 22-C, fol. 80r17-19), cf. Hammond and Rey 1953, 1:300; Snow 1998:12, 62, 77, 79. There is a more circumstantial description of the poet in Vicente de Zaldívar's certification of Pérez de Villagrá's merits (dated Aug. 25, 1604; cf. González Obregón 1900, 2:5): "es un hombre de edad de cincuenta y tres años, más ó menos, pequeño de cuerpo, de buen grueso y miembros bien hechos y trabados, la barba toda cana y poblada, la cabeza calva y dos arrugas hondas, una mayor que otra, arrimadas del nacimiento de la una y otra ceja que de encima de la nariz suben por la frente arriba." The two creases in his brow are prominently depicted in the portrait that graces the frontispiece of his *Historia de la Nueva México*, reproduced with permission of the Bancroft Library, University of California, Berkeley.

En esto el General mandò saliesse,
El Sargento mayor, y que arrancase,

Canto Diez, y seys. 145

175 Cincuenta buenos hombres, y que fuesse,
A descubrir la fuerça de ganados,
Que los llanos de Zibola criauan,
Pues como aquesto luego se hiziesse,
Salio marchando, y en vn fresco Rio,

180 De ziruelas cubierto, y de pescado,
Alegres descansaron y se fueron,
Por otros muchos Rios abundosos,
De muchas aguas, pezes, y arboledas,
Donde con solo anzuelo sucedia,

185 Sacar quarenta arrobas de pescado,
En menos de tres horas los soldados,
Pues yendo afsi marchando acaso vn dia,
Auiendo hecho alto por las faldas,
De vna pequeña loma, junto á vn Rio,

190 Por vn repecho vieron que assomaua,
Vna figura humana con orejas,
De cafi media vara, y vn hozico,
Horrible por extremo, y vna cola,
Que cafi por el suelo le arrastraua,

195 Bestido con vn justo muy manchado,
De roja sangre todo bien teñido,
Con vn arco y carcax, amenaçando,
A toda vuestra gente con meneos,

T   Sal-

En esto el General mandò saliesse

El Sargento mayor y que arrancase

175   Cincuenta buenos hombres y que fuesse

A descubrir la fuerça de ganados

Que los llanos de Zibola criauan.

Pues como aquesto luego se hiziesse,

Salio marchando y en vn fresco Rio

180   De ziruelas cubierto y de pescado

Alegres descansaron y se fueron

Por otros muchos Rios abundosos,

De muchas aguas, pezes y arboledas,

Donde con solo anzuelo sucedia

185   Sacar quarenta arrobas de pescado

En menos de tres horas los soldados.

Pues yendo assi marchando acaso vn dia,

Auiendo hecho alto por las faldas

De vna pequeña loma junto á vn Rio,

190   Por vn repecho vieron que assomaua

Vna figura humana con orejas

De casi media vara y vn hozico

Horrible por extremo y vna cola

Que casi por el suelo le arrastraua,

195   Bestido con vn justo muy manchado,

De roja sangre todo bien teñido,

Con vn arco y carcax, amenaçando

A toda vuestra gente con meneos,

De la nueua Mexico,

Saltos, y con amagos nunca viſtos,
200   Y mandando el Sargento que eſtuuieſſen,
A percebidos todos, y aguardaſen,
A ver en que paraua tal enſayo,
Notaron que era vn Indio que venia,
A no mas que eſpantarlos, porque tuuo,
205   Por coſa cierta, que los Eſpañoles,
Dexaran el bagaje y ſe acogieran,
Y que el fuera ſeñor de todo aquello,
Que alli lleuauan todos deſcuidados,
De la baruara burla de aquel bruto,
210   Por cuia cauſa juntos ſe moſtraron,
Alebraſtados, timidos, cobardes,
Fingiendo ſe eſcondian temeroſos,
Entre la miſma ropa que lleuauan,
Y aſsi notando el Indio que temian,
215   Entre ellos ſe metio haziendo cocos,
Al cabo de los quales le cogieron,
Y la maſcara luego le quitaron,
Y aſsi corrido, triſte, auergonçado,
Llorando les pidio que le boluieſſen,
220   Aquel reboço, el qual con grande riſa,
Chacota, y paſſatiempo, le boluieron,
Y no quiſo el Sargento que ſe fueſſe,

Haſta

Saltos y con amagos nunca vistos.

200   Y mandando el Sargento que estuuiessen

Apercebidos todos y aguardasen

A ver en que paraua tal ensayo,

Notaron que era vn Indio que venia

A no mas que espantarlos, por[q]ue tuuo

205   por cosa cierta que los Españoles

Dexaran el bagaje y se acogieran

Y que el fuera señor de todo aquello

Que alli lleuauan todos, descuidados

De la baruara burla de aquel bruto;

210   Por cuia causa juntos se mostraron,

Alebrastados, timidos, cobardes,

Fingiendo se escondian temerosos

Entre la misma ropa que lleuauan.

Y assi notando el Indio que temian,

215   Entre ellos se metio haziendo cocos,

Al cabo de los quales le cogieron

Y la mascara luego le quitaron

Y assi corrido, triste, auergonçado,

Llorando les pidio que le boluiessen

220   Aquel reboço, el qual con grande risa,

Chacota y passatiempo le boluieron.

Y no quiso el Sargento que se fuesse,

Canto Diez, y feys.   146

Hafta que muy rifueño, alegre y ledo,
Con todos fe moftrafe, y efto hecho,
225 El baruaro fe fue por fu camino,
No menos difguftofo que contento,
Tras defto luego fueron â otro Rio,
Donde vieron à vn baruaro gallardo,
Mucho mas blãco y zarco, que vn flamẼco,
230 Con vna buena efquadra de flecheros,
Que con paufado efpacio fe venia,
Hazia los Efpañoles, y en llegando,
Con grande grauedad y gran mefura,
A todos los miró muy foffegado,
235 Y viendo alli el Sargento fu defcuido,
Su paufa, y fu filencio, y poco cafo,
Que de todos hazia, y que apenas,
Quifo alçar los ojos para nadie,
Mandò que fe llegafen, y á la oreja,
240 Vn buen mofquete alli le difparafen,
Con fin de que temieffe y fe affombrafe,
Pues haziendofe afsi, qual fino fuera,
La fuerça del mofquete difparado,
Alçò la blanca mano, y con el dedo,
245 Efcaruando el oydo con efpacio,
Al punto le quito, y quedò tan fefgo,

T 2   Co-

Hasta que muy risueño, alegre y ledo

Con todos se mostrase, y esto hecho,

225   El baruaro se fue por su camino,

No menos disgustoso que contento.

Tras desto luego fueron â otro Rio,

Donde vieron à vn baruaro gallardo

Mucho mas blanco y zarco que vn flamenco,

230   Con vna buena esquadra de flecheros

Que con pausado espacio se venia

Hazia los Españoles y en llegando,

Con grande grauedad y gran mesura,

A todos los miró muy sossegado.

235   Y viendo alli el Sargento su descuido,

Su pausa y su silencio y poco caso

Que de todos hazia y que apenas

Quiso alçar los ojos para nadie,

Mandò que se llegasen y á la oreja

240   Vn buen mosquete alli le disparasen

Con fin de que temiesse y se assombrase.

Pues haziendose assi, qual si no fuera

La fuerça del mosquete disparado,

Alçò la blanca mano y con el dedo

245   Escaruando el oydo con espacio,

Al punto le quito y quedò tan sesgo

De la nueua Mexico,

Como fi de vn fino marmor fuera,
Viendo pues el Sargento tal prodigio,
Mandò que con refpecto le tratafen,
250 Y afiendole del braço cortes mente,
Y gran cuchillo quifo prefentarle,
Y tomandole el baruaro mirole,
Y boluiendo la mano poca cofa,
A los fuyos le dio, y luego ellos,
255 De fu mifma pretina le colgaron,
Con efto le pidieron que vna guia,
Fuelfe feruido darles, y que fuelle,
Tal que à todos juntos los lleuafe,
A los llanos que todos pretendian,
260 Apenas le dixeron quando luego,
Mandò que cierto baruaro faliefle,
De aquellos que con el auian venido,
Y que qual buen piloto los lleuafe,
Hafta los mifmos llanos que dezian,
265 Iamas fe vio fentencia rigurofa,
Ni perdida de vida mas temida,
Que el baruaro temio tan gran mandato,
Y qual fi yunque fuera no le vieron,
Aunque muy demudado y alterado,
270 Eftremezido todo y fin aliento,

Qi

46

Como si de vn fino marmor fuera.

Viendo pues el Sargento tal prodigio,

Mandò que con respecto le tratasen

250   Y assiendole del braço cortes mente,

Vn gran cuchillo quiso presentarle;

Y tomandole el baruaro, mirole

Y boluiendo la mano poca cosa,

A los suyos le dio y luego ellos

255   De su misma pretina le colgaron.

Con esto le pidieron que vna guia

Fuesse seruido darles y que fuesse

Tal que à todos juntos los lleuase

A los llanos que todos pretendian;

260   Apenas lo dixeron quando luego

Mandò que cierto baruaro saliesse

De aquellos que con el auian venido,

Y qual buen piloto los lleuase

Hasta los mismos llanos que dezian.

265   Iamas se vio sentencia rigurosa

Ni perdida de vida mas temida

Que el baruaro temio tan gran mandato;

Y qual si yunque fuera no le vieron,

Aunque muy demudado y alterado,

270   Estremezido todo y sin aliento,

Canto Diez, y seys. 147

Que replica tuuieſſe, ni hablaſe,
Con eſto los dexò, y qual ſe vino,
Con repoſados paſſos fue boluiendo,
Y luego con la guia fue marchando,
275 El Sargento mayor, y ſiempre quiſo,
Que poſtas á la guia ſe puſieſſen,
Porque fuga no hizieſſe y los dexaſe,
Pues velando Cortes el triſte quarto,
Que dizen de modorra, fue rompiendo,
280 La fuerça de priſion el Indio cauto,
Y aſsi como cometa que ligero,
Traſpone ſu carrera, aſsi traſpuſo,
Y el Eſpañol tras del, y con preſteza,
El curſo apreſuraron de manera,
285 Que corrieron dos leguas bien tiradas,
Al cabo de las quales ya rendido,
El Cortes ſe quedó deſatinado,
Lleno de corrimiento y de verguença,
Pues como no ſupieſſe ni entendieſſe,
290 El Sargento mayor, ni otro alguno,
El camino y derrota que lleuauan,
El vno tras del otro diſguſtoſos,
Eſperando eſtuuieron haſta el alua,
Y eſtando con grandiſsima triſteza,

T 3   Por-

Que replica tuuiesse ni hablase;

Con esto los dexò y qual se vino,

Con reposados passos fue boluiendo.

Y luego con la guia fue marchando

275 El Sargento mayor y siempre quiso

Que postas á la guia le pusiessen

Porque fuga no hiziesse y los dexase,

Pues velando Cortes el triste quarto

Que dizen de modorra, fue rompiendo

280 La fuerça de prision el Indio cauto,

Y assi como cometa que ligero

Traspone su carrera, assi traspuso,

Y el Español tras del y con presteza.

El curso apresuraron de manera

285 Que corrieron dos leguas bien tiradas,

Al cabo de las quales ya rendido,

El Cortes se quedò desatinado,

Lleno de corrimiento y de verguença.

Pues como no supiesse ni entendiesse

290 El Sargento mayor ni otro alguno

El camino y derrota que lleuauan

El vno tras el otro disgustosos,

Esperando estuuieron hasta el alua,

Y estando con grandissima tristeza,

De la nueua Mexico,

295 Porque era medio dia ya paſſado,
A coſa de las tres llegò ſudando,
Con doze brauos baruaros diſpueſtos,
Y con gentil donaire y deſenfado,
A todos denodado fue diziendo,
300 Si como fueron doze fueran ciento,
A todos los truxera, y fuera paga,
Conforme al Euangelio ſacroſanto,
El vno ſe me fue, y aqueſtos traigo,
Y no viniera aca ſino ſupiera,
305 Que bien puede ſuplir por vno ſolo,
Qualquiera de los doze que aqui vienen,
Con eſto alegres todos y contentos,
Arrancaron de alli, cuia memoria,
Será bien que ſe cante en nueua hiſtoria,

CAN-

295   Porque era medio dia ya passado,

A cosa de las tres llegò sudando

Con doze brauos baruaros dispuestos,

Y con gentil donaire y desenfado

A todos denodado fue diziendo,

300   "Si como fueron doze fueran ciento,

A todos los truxera y fuera paga

Conforme al Euangelio sacrosanto.

El vno se me fue y aquestos traigo

Y no viniera aca si no supiera

305   Que bien puede suplir por vno solo

Qualquiera de los doze que aqui vienen."

Con esto alegres todos y contentos,

Arrancaron de alli, cuia memoria

Será bien que se cante en nueua historia.

Canto Diez y ſiete. 148

CANTO
DIEZ Y SIETE.

COMO SALIO EL SARGENTO
con las nueuas guias , que trujo Marcos Cortes ,
y como llegó à los llanos de Zibola , y de las mu
chas vacas que vio en ellos , y de la obediencia
que dieron los Indios al Gouernador , y ſalida
que hizo , para los pueblos en cuya viſta deter-
minò , que en llegando el Sargento mayor al
Real , quedaſe gouernando , y que el Maeſe de
Campo ſalieſſe, para yr cõ el al Mar del Sur,
para lo qual deſpachò menſagero
proprio, para que ſalieſſe tras
del con treynta hom-
bres.

V E quiebra puede ſer en ſi tan
grande,
Que facil no ſe enmiende, y pon
ga en punto,
Si es hombre de valor y de verguença,

T 4   Aquel

Canto

diez y siete.

Como salio el Sargento

con las nueuas guias que trujo Marcos Cortes

y como llegó à los llanos de Zibola y de las mu-

chas vacas que vio en ellos...

Que quiebra puede ser en si tan grande

Que facil no se enmiende y ponga en punto,

Si es hombre de valor y de verguença

De la nueua Mexico,

Aquel por quien sucede vn caso triste,
Auiendo pues el buen Cortes perdido,
El baruaro en la vela y en la fuga,
Ocupado de empacho y de verguença,
Se fue por vna senda muy hollada,
De gente natural de aquella tierra,
Y acaso derrotados del camino,
Vio solos doze baruaros desnudos,
Con impetu furioso venir ciegos,
Tras de vn valiente cierbo que venia,
Tambien de temor ciego por el puesto,
Por donde cuidadoso yua marchando,
Y luego que le vido desembuelto,
Dio buelta al arcabuz, y alargò en trecho,
Cogiendole en el ayre lebantado,
Con la fuerça del salto poderoso,
Dio con el muerto en tierra, y con el humo
De la encendida llaue descubierto,
Los baruaros le vieron y quedaron,
No menos muertos, q̃ el q̃ en tierra estaua,
Pensando que era Dios, pues con vn rayo,
De sus valientes manos despedido,
El animal ligero que seguian,
Y no pinadamente fue priuado,

De

Aquel por quien sucede vn caso triste.

5   Auiendo pues el buen Cortes perdido

El baruaro en la vela y en la fuga,

Ocupado de empacho y de verguença,

Se fue por vna senda muy hollada

De gente natural de aquella tierra,

10   Y acaso derrotados del camino

Vio solos doze baruaros desnudos

Con impetuo furioso venir ciegos

Tras de vn valiente cierbo que venia

Tambien de temor ciego por el puesto

15   Por donde cuidadoso yua marchando.

Y luego que le vido, desembuelto

dio buelta al arcabuz y alargò en trecho;

Cogiendole en el ayre lebantado

Con la fuerça del salto poderoso,

20   Dio con el muerto en tierra y con el humo

De la encendida llaue descubierto,

Los baruaros le vieron y quedaron

No menos muertos q*ue* el q*ue* en tierra estaua,

Pensando que era Dios, pues con vn rayo

25   De sus valientes manos despedido,

El animal ligero que seguian

Ynopinadamente fue priuado

Canto Diez y siete. 149

De la vida y aliento qne lleuaua,
Viendolos pues suspensos y parados,
30   Atonitos del caso nunca visto,
A todos los llamò que se llegasen,
Y ellos bien temerosos y encogidos,
Arrastrando los arcos por el suelo,
Mudos, suspensos, tristes, cabizbajos,
35   Por no ser sin pensar alli abrasados,
Pasmados, y temblando se acercaron,
Al puesto y estalage donde estaua,
El valiente Español con brauo imperio,
En esto quatro baruaras vinieron,
40   Por este mismo puesto atrauesando,
Con vna buena requa bien cargada,
De perros, que en aquestas partes vsan,
Traerlos á la carga, y trabajarlos,
Como si fueran mulas de requaje,
45   Y aunque pequeños, lleuan tres arrobas,
Y quatro, y andan todos lastimados,
Qual suelen nuestras bestias con la carga,
Que se les va assentando con descuido,
A estas dio dio Cortes el gran cierbo,
50   Y despues que á los baruaros hablaron,
Todas de miedo, y de temor cubiertas,

T 5   Alli

De la vida y aliento que lleuaua.

Viendolos pues suspensos y parados,

30   Atonitos del caso nunca visto,

A todos los llamò que se llegasen

Y ellos bien temerosos y encogidos,

Arrastrando los arcos por el suelo,

Mudos, suspensos, tristes, cabizbajos,

35   Por no ser sin pensar alli abrasados,

Pasmados y temblando se acercaron

Al puesto y estalage donde estaua

El valiente Español con brauo imperio.

En esto quatro baruaras vinieron

40   Por este mismo puesto atrauesando,

Con vna buena recua bien cargada

De perros, que en aquestas partes vsan

Traerlos á la carga y trabajarlos

Como si fueran mulas de recuaje,

45   Y aunque pequeños, lleuan tres arrobas

Y quatro y andan todos lastimados

Qual suelen nuestras bestias con la carga

Que se les va assentando con descuido.

A estas dio (dio) Cortes el gran cierbo

50   Y despues que á los baruaros hablaron,

Todas de miedo y de temor cubiertas,

De la nueva México,

Alli le lebantaron encogidas,
Y ellos con gran refpecto fe vinieron,
Con el fuerte eftremeño, que les dixo,
55 Que con el fe vinieffen, y afsi juntos,
A todos los lleuaron à los llanos,
Donde vieron vn toro defmandado,
Con cuia vifta luego los cauallos,
Bufando y refurtiendo, por mil partes,
60 A fuerça de la efpuela y duro freno,
Hizieron los ginetes fe llegafen,
Y alli todos en cofo le truxeron,
Con grande regozijo, y con efpanto,
De la baruara gente que notaua,
65 Aquel imperio y mageftad tan grande,
Con que los Efpañoles apremiauan,
El impetu y fiereza de animales,
Tan fuertes y animofos como aquellos,
Que cada qual regia y gouernaua,
70 Y por folo caufarles mayor grima,
Mandò el Sargento todos foffegafen,
Y poniendofe enfrente defta beftia,
Vn ligero valazo, con el fuego,
Del arcabuz ligero fue impeliendo,
75 Por medio de los fefos que tenia,

Con

Alli le lebantaron encogidas.

Y ellos con gran respecto se vinieron

Con el fuerte estremeño, que les dixo

55 Que con el se viniessen y assi juntos

A todos los lleuaron à los llanos,

Donde vieron vn toro desmandado,

Con cuia vista luego los cauallos,

Bufando y resurtiendo por mil partes,

60 A fuerça de la espuela y duro freno

Hizieron los ginetes se llegasen,

Y alli todos en coso le truxeron

Con grande regozijo y con espanto

De la baruara gente que notaua

65 Aquel imperio y magestad tan grande

Con que los Españoles apremiauan

El impetu y fiereza de animales

Tan fuertes y animosos como aquellos

Que cada qual regia y gouernaua.

70 Y por solo causarles mayor grima,

Mandò el Sargento todos sossegasen,

Y poniendose en frente desta bestia,

Vn ligero valazo con el fuego

Del arcabuz ligero fue impeliendo

75 Por medio de los sesos que tenia,

Canto Diez y siete. 150

Con tan viua presteza que en vn punto,
Los quatro pies abiertos puso en tierra,
El vientre rebolcando y dando buelta,
Quedó sin vida, hierto, estremeciendo,
80 Sobre el tendido lomo sustentado,
Con esto todos juntos se metieron,
Los llanos mas á dentro, y encontraron,
Tanta suma y grandeza de ganados,
Que fue cosa espantosa imaginarlos,
85 Son del cuerpo que toros Castellanos,
Lanudos por extremo, corcobados,
De regalada carne y negros cuernos,
Lindissima manteca, y rico sebo,
Y como los chibatos tienen barbas,
90 Y son á vna mano tan ligeros,
Que corren mucho mas que los venados,
Y andan en atajos tanta suma,
Que veynte y treynta mil cabeças juntas,
Se hallan ordinarias muchas vezes,
95 Y gozan de vnos llanos tan tendidos,
Que por seyscientas, y ochocientas leguas,
Vn sossegado mar parece todo,
Sin genero de cerro ni vallado,
Dõde en manera alguna pueda el hombre,

Topar

Con tan viua presteza que en vn punto

Los quatro pies abiertos puso en tierra,

El vientre rebolcando y dando buelta;

Quedó sin vida, hierto, estremeciendo,

80   Sobre el tendido lomo sustentado.

Con esto todos juntos se metieron

Los llanos mas á dentro y encontraron

Tanta suma y grandeza de ganados

Que fue cosa espantosa imaginarlos.

85   Son del cuerpo que toros Castellanos,

Lanudos por extremo, corcobados,

De regalada carne y negros cuernos,

Lindissima manteca y rico sebo,

Y como los chibatos tienen barbas,

90   Y son á vna mano tan ligeros

Que corren mucho mas que los venados,

Y andan en atajos tanta suma

Que veynte y treynta mil cabeças juntas

Se hallan ordinarias muchas vezes,

95   Y gozan de vnos llanos tan tendidos

Que por seyscientas, y ochocientas leguas

Vn sossegado mar parece todo,

Sin genero de cerro ni vallado

Donde en manera alguna pueda el hombre

De la nueua México,

100   Topar la vista acaso, o detenerla,
        En tanto quanto ocupa vna naranja,
        Si afsi puede dezirse tal excesso,
        Y es aquesto señor en tanto extremo,
        Que si por triste suerte se perdiesse,
105   Alguno en estos llanos no seria,
        Mas que si se perdiesse y se hallase,
        Enmedio de la mar sin esperança,
        De verse jamas libre de aquel trago,
        Queriendo pues en estos grandes llanos,
110   El Sargento mayor coger algunas,
        De aquestas vacas sueltas y traerlas,
        Al pueblo de san Iuan, porque las viessen,
        Mandò que vna manga se hiziesse,
        De fuerte palizada prolongada,
115   La qual hizieron luego con presteza,
        El Capitan Ruyz, y Iuan de Salas,
        Iuan Lopez, Andres Perez, y Iuan Griego,
        Tras destos Pedro Sanchez Damiero,
        Iuan Guerra, Simon Perez, y Escalante,
120   Alonso Sanchez Boca Negra, y Reyes,
        Y Iorge de la Vega, y Iuan de Olague,
        Y el buen Christoual Lopez, Mallea,
        Y luego que la manga se compuso,
                     Salie-

100   Topar la vista acaso o detenerla

En tanto quanto ocupa vna naranja,

Si assi puede dezirse tal excesso;

Y es aquesto, señor, en tanto extremo

Que si por triste suerte se perdiesse

105   Alguno en estos llanos no seria

Mas que si se perdiesse y se hallase

En medio de la mar sin esperança

De verse jamas libre de aquel trago.

Queriendo pues en estos grandes llanos

110   El Sargento mayor coger algunas

De aquestas vacas sueltas y traerlas

Al pueblo de san Iuan porque las viessen,

Mandò que vna manga se hiziesse

De fuerte palizada prolongada,

115   La qual hizieron luego con presteza

El Capitan Ruyz y Iuan de Salas,

Iuan Lopez, Andres Peres y Iuan Griego;

Tras destos Pedro Sanchez Damiero,

Iuan Guerra, Simon Perez, y Escalante,

120   Alonso Sanchez Boca Negra, y Reyes

Y Iorge de la Vega y Iuan de Olague

y el buen Christoual Lopez, Mallea;

Y luego que la manga se compuso,

Canto Diez, y siete.   151

Salieron para dar el auentada,
125 Todos los sobredichos, y con ellos,
El prouehedor, y aquellos Capitanes,
Aguilar, y Marçelo de Espinosa,
Domingo de Iizama, con Ayarde,
Christoual Sanchez, y Francisco Sanchez,
130 Iuan de Leon, Zapata, y Cauanillas,
Pedro Sanchez, Monrroy, Villabiciosa,
Y Francisco de Olague, y los Robledos,
Iuan de Pedraça, con Manuel Francisco,
Carabajal, Carrera, y los Hinojos,
135 Iuan de Vitoria, Ortiz, y los Varelas,
Francisco Sanchez el Caudillo, y Sosa,
Todos en buenas yeguas voladoras,
Auentando salieron el ganado,
Y assi como la manga descubrieron,
140 Qual poderoso viento arrebatado,
Que remata en vn grande remolino,
Assi fue reparando y reboluiendo,
La fuerça del ganado lebantando,
Vn terremoto espeso tan cerrado,
145 Que si junto á vnas peñas no se halla,
La soldadesca toda guarecida,
No quedara ninguno que hecho pieças,
                                    Entı

Salieron para dar el auentada

125 Todos los sobredichos y con ellos,

el prouehedor y aquellos Capitanes,

Aguilar y Marçelo de Espinosa,

Domingo de Lizama, con Ayarde,

Cristoual Sanchez y Francisco Sanchez,

130 Iuan de Leon, Zapata, y Cauanillas,

Pedro Sanchez Monrroy, Villabiciosa

Y Francisco de Olague y los Robledos,

Iuan de Pedraça, con Manuel Francisco,

Carabajal, Carrera y los Hinojos,

135 Iuan de Vitoria, Ortiz y los Varelas,

Francisco Sanchez el Caudillo, y Sosa.

Todos en buenas yeguas voladoras

Auentando salieron el ganado,

Y assi como la manga descubrieron,

140 Qual poderoso viento arrebatado

Que remata en vn grande remolino,

Assi fue reparando y reboluiendo

La fuerça del ganado, lebantando

Vn terremoto espeso tan cerrado

145 Que si junto á vnas peñas no se halla

La soldadesca toda guarecida,

No quedara ninguno que hecho pieças

De la nueva México,

Entre sus mismos pies no se quedara,
Por cuia causa luego dieron orden,
150 Que el ganado en paradas se matase,
Y todo afsi difpuefto hizieron carne,
Para boluerfe luego, y defpidieron,
Con notables caricias à los doze,
Que el buen Marcos Certes auia traido,
155 Dandoles muchas cuentas y abalorios,
Con que todos fe fueron efpantados,
De ver la fuerça y armas de Efpañoles,
Los quales vieron fiempre en eftos llanos,
Gran fuma de vaqueros, que apie matan,
160 Aqueftas mifmas vacas que dezimos,
Y dellas fe fuftentan y mantienen,
Toda gente robufta y de trabajo,
Defenfadada, fuelta, y alentada,
Y tienen lindas tiendas por extremo,
165 Y lindos y luzidos pabellones,
Del cuero de las vacas, cuio adobo,
Es tan tratable y dozil, que mojado,
Aquefte mifmo cuero que dezimos,
Buelue defpues de feco mas fuabe,
170 Que fi fuera de lienço, o fina olanda,

Entre sus mismos pies no se quedara;

Por cuia causa luego dieron orden

150 Que el ganado en paradas se matase,

Y todo assi dispuesto hizieron carne

Para boluerse luego y despidieron

Con notables caricias à los doze

Que el buen Marcos Cortes auia traido,

155 Dandoles muchas cuentas y abalorios;

Con que todos se fueron, espantados

De ver la fuerça y armas de Españoles;

Los quales vieron siempre en estos llanos

Gran suma de vaqueros, que a pie matan

160 Aquestas mismas vacas que dezimos

Y dellas se sustentan y mantienen;

Toda gente robusta y de trabajo,

Desenfadada, suelta y alentada,

Y tienen lindas tiendas por extremo

165 Y lindos y luzidos pabellones

Del cuero de las vacas, cuio adobo

Es tan tratable y dozil, que mojado

Aqueste mismo cuero que dezimos,

Buelue despues de seco mas suabe

170 Que si fuera de lienço o fina holanda.

Commentary

16, v. 175 **Cincuenta**: "hasta numero de sesenta" in A 1029r6, without significant variants in C₁ or C₂.

16, vv. 179-186: drastically abbreviated version of the first part of the expedition, with no mention of Pecos pueblo, or any of the geographic digressions in Zaldívar's *Relación*.

16, v. 184 **con solo anzuelo**: same phrase in A 1029r18. Espinosa's translation "with bare hooks" (1933:150) makes the unlikely suggestion that no bait was used.

16, v. 185 **quarenta arrobas**: 1,000 pounds.

16, v. 190 **repecho**: 'cuesta bastante pendiente y no larga' (*DRAE*). According to Echenique March 1993:319, n. 6 "se dijo así porque al subir va contra el pecho."

16, v. 195 **justo**: 'jubón, prenda que cubre hasta la cintura' according to Encinias et al. 1992:152.

16, v. 198 **vuestra gente**: the *Historia* is dedicated to King Phillip III (1598-1621), who is often addressed directly by the poet Villagrá.

16, v. 201 **Apercebidos**: archaic form of *apercibidos* 'preparados, avisados' (Encinias et al. 1992:152).

16, v. 211 **Alebrastados**: 'frightened as a newborn hare', derived from *lebrasto*, archaic form of *lebrato* 'young hare [*liebre*]'.

16, v. 215 **haziendo cocos**: *hazer cocos* 'figura para espantar haciendo "el feo"; gesto semejante de la mona, que se hace para espantar y contener a los niños' (Echenique March 1993:320, n. 7).

16, v. 218 **corrido**: 'avergonzado, confundido' (*DRAE*).

16, v. 220 **reboço**: properly the use of a cape to disguise the face, here as a figurative equivalent to *disfraz* 'disguise'.

16, v. 221 **chacota**: 'burla y alegría mezclada de chanzas y carcajadas, con que se celebra una cosa' (*DRAE*).

16, v. 223 **ledo**: archaic synonym of *alegre*.

16, v. 229: 'much paler and more blue-eyed than a Netherlander'. Hodge suggests that this person is an albino (Espinosa 1933:154, n. 12).

16, v. 233 **mesura**: 'gravedad y compostura en la actitud y el semblante' (*DRAE*).

16, v. 243 **mosquete**: 'arma de fuego antigua, mucho más larga y de mayor calibre que el fusil, la cual se disparaba, apoyándola sobre una horquilla' (*DRAE*).

16, v. 246 **sesgo**: archaic adjective 'quieto, pacífico, sosegado' (*DRAE*).

16, v. 247 **marmor**: antiquated form of *mármol*.

16, v. 255 **pretina**: 'waistband'; 'correa o cinta con hebilla o broche para sujetar en la cintura ciertas prendas de ropa' (*DRAE*).

16, v. 276 **postas**: archaic military term 'guards, sentries'; 'se solía dar este nombre al soldado que estaba de centinela' (*DRAE*).

16, v. 278 **Cortes**: Marcos Cortés appears among the official witnesses to Zaldívar's *Relación* (A 1032r33).

16, vv. 278-279 **el... quarto | ... de modorra**: 'second night watch'; 'segundo de los cuartos en que para las centinelas se dividía la noche, comprendido entre el cuarto de prima y el de la modorrilla' (*DRAE*). The fourth watch was called *el cuarto del alba*. Literally *modorra* means 'heavy sleep'.

16, v. 288 **corrimiento**: 'vergüenza, empacho, rubor' (*DRAE*); see *corrido* above (16, v. 218).

16, vv. 300-301 **fueran... truxera**: archaic past contrary-to-fact condition; the current standard construction would be *si hubieran sido... los habría traido*. Likewise with *viniera... supiera* of v. 304.

16, v. 302 **Conforme al Euangelio**: more than one Biblical passage would suit Cortés's remark, for instance, Matthew 19:29 "et omnis qui reliquit domum vel fratres aut sorores aut patrem aut matrem aut uxorem aut filios aut agros propter nomen meum centuplum accipiet et vitam aeternam possidebit"; or Mark 4:20 "et hii sunt qui super terram bonam seminati sunt qui audiunt verbum et suscipiunt et fructificant unum triginta et unum sexaginta et unum centum."

17, v. 6 **vela**: i.e., during Cortés's sentry duty.

17, v. 10 **derrotados**: 'strayed from the path, track', from the archaic meaning of *derrota* 'direction'; 'rumbo o dirección que llevan en su navegación las embarcaciones' (*DRAE*).

17, v. 16 **desembuelto**: literally 'without embarrassment', here 'without hesitation, with aplomb'.

17, v. 17 **alargò en trecho**: one would expect the meaning 'aimed and fired' but the exact denotation of this apparently technical expression escapes me. As a synonym of *disparar* in modern Spanish, one would exprect *largar* (*un tiro*) rather than *alargar*. "En trecho" perhaps means 'at a (certain) distance', as suggested by Encinias et al. 1992:156, n. 3.

17, v. 37 **puesto y estalage**: here stylistic alternatives for *lugar*.

17, vv. 41-42: **requa...** | **De perros**: on the use of the travois see the lengthy annotation by Hodge in Espinosa 1933:160-161, n. 1.

17, v. 44 **recuaje**: antiquated 'recua de animales de carga' (*DRAE*).

17, vv. 45-46 **tres arrobas,** | **Y quatro**: Espinosa misinterprets "three and a quarter arrobas" (1933:155), apparently having read *quatro* as *quarto*.

17, v. 49 **A estas dio dio Cortes**: the first of the two repeated words appears to have replaced a two-syllable word; one might speculate that the verse should read "A estas [Indias] dio..."; or if hiatus can be allowed between the first two words, another possibility would be "A estas [les] dio..." Encinias et al. (1992:157) print the verse without the repeated verb form, leaving it with only nine syllables; likewise Junquera 1989:249, Madrid Rubio et al.

1991:299, and Echenique March 1993:324.

17, v. 54: **estremeño**: Marcos Cortés' home town, Zalamea de la Serena, lies in the province of Badajoz. See the annotation to line A 1032r33 of Zaldívar's *Relación*.

17, v. 57: **desmandado**: literally 'not following orders'; here 'strayed from the herd'; cf. *desmandar(se)* 'apartarse de la compañia con que se va' (*DRAE*).

17, v. 59 **resurtiendo**: 'balking, backing up'; *resurtir* 'recular o empujar el cuerpo hacia atrás chocando con los demás animales' (Echenique March 1993:325, n. 2).

17, v. 62 **en coso**: this appears to be a technical expression for a particular way of driving livestock; *coso* with the meaning 'curso, carrera corriente' is archaic, but it also means 'plaza, sitio, o lugar cercado, donde se corren y lidian toros' (*DRAE*).

17, v. 90 **á vna mano**: 'uniformly'. Encinias et al. interpret the phrase as 'con movimiento circular' (1992:158, n. 7). The expression also occurs in Juan de Oñate's "Relación cierta y verdadera": "Es muy buena | la carne deste ganado y aventaxadissima a la de nuestras vacas y todo el a vna mano es muy gordo y en particular las vacas" (AGI, Patronato 22, ramo 4, fol. 152v14-16; cf. Craddock 1998:500, 520). Compare Fray Juan de Torquemada, *Monarquía Indiana*, Libro V, cap. xxxx: "Las Gentes de estas Tierras (asi Indios, como Indias) à una mano son de buena estatura" (1986 [1615], 1:679).

17, v. 103 **señor**: King Phillip III, see above, 16, v. 198.

17, v. 113 **manga**: in Zaldívar's *Relación* (A 1030v10-13) the expeditionaries build a corral with *mangas* 'sleeves', that is, oblique extensions intended to drive the herd inward towards the center, where the corral has been constructed. Cf. Echenique March 1993:327, n. 4: 'pasillo formado por dos estacados o vallas que convergen en la puerta del corral o encerrado; para que los animales entren más fácilmente en la manga, ésta es más ancha en la boca que en el extremo que va unido a la puerta, en forma de embudo'.

17, v. 116 **El Capitan Ruyz**: he does not appear in the Frías Salazar muster roll of January 8, 1598; in the earlier muster taken by Lope de Ulloa y Lemos on February 10, 1597, he is described as "El cappitan Juan Ruiz natural de las minas de Guanaxuato | en esta Nueva España hijo de Juan Beltran de Cabrera" (AGI, México 25, núm. 22-B, fol. 42r22-23). Cf. Hammond and Rey 1953, 1:162; Snow 1998:23, 64.

17, v. 116 **Iuan de Salas**: see the annotation to line A 1032r35 of Zaldívar's *Relación*.

17, v. 117 **Iuan Lopez**: "Juan Lopez del Canto hijo de Pedro Lopez del Canto natural | de Mexico de buen cuerpo barbinegro y vna cruz en la frente | de hedad de veinte y cinco años" (AGI, México 25, núm. 22-C, fol. 74v4-6). Cf. Espinosa 1933:161, n. 4; Hammond and Rey 1953, 1:291; Snow 1998:20, 38, 62.

17, v. 117 **Andres Peres**: "hijo de Andres de Cauo natural de Tordesillas | de mediano cuerpo barbicastaño grueso de hedad de treinta años" (AGI, México 25, núm. 22-C, fol. 75r21-22). Cf. Espinosa 1933:161, n. 5; Hammond and Rey 1953, 1:292; Snow 1998:22, 39, 55.

17, v. 117 **Iuan Griego**: "hijo de Laçaro Griego natural de Grecia en Negroponte | de buen cuerpo barbientrecano con vna herida grande encima de la | frente de hedad de treinta y dos años" (AGI, México 25, núm. 22-C, fol. 75v14-16). Cf. Espinosa 1933:161, n. 6; Hammond and Rey 1953, 1:293; Chávez 1992:41-42; Snow 1998:19, 60, 76.

17, v. 118 **Pedro Sanchez Damiero**: "Pedro Sanchez de Amiuro hijo de Pedro de Amiuro natural de Riba- | deo de buen cuerpo barbiponiente con vna herida encima del | ojo hizquierdo de hedad de veinte y vn años dixo ser natural | de Sombrerete" (AGI, México 25, núm. 22-C, fol. 74v23-26). Cf. Espinosa 1933:161, n. 7; Hammond and Rey 1953, 1:292; Snow 1998:23, 40, 43, 65.

17, v. 119 **Iuan Guerra**: he does not appear in the muster roll, but is mentioned as having no arms of his own in the Frías Salazar inspection (AGI, México 25, núm. 22-C, fol. 70r14-17). Cf. Espinosa 1933:161, n. 8; Hammond and Rey 1953, 1:285; Snow 1998:12, 19.

17, v. 119 **Simon Perez**: to judge by his father's *apellido paterno* this would be "Simon de Bustillo hijo de Juan Perez de Bustillo natural de Mexico [fol. 74v] moreno mal barbado pecoso de rostro de hedad de veinte e | dos años" (AGI, México 25, núm. 22-C, fol. 74r28-v2). Cf. Espinosa 1933:161-162, n. 9; Hammond and Rey 1953, 1:291; Chávez 1992:87-88; Snow 1998:22, 42, 62, 77.

17, v. 119 **Escalante**: "El cappitan Felippe de Escalante hijo de Juan de Escalante Castilla | natural de Laredo de cuerpo baxo pequeño y grueso more- | no entrecano de hedad de quarenta y siete años" (AGI, México 25, núm. 22-C, fol. 75v1-3). Cf. Espinosa 1933:162, n. 10; Hammond and Rey 1953, 1:292-293; Snow 1998:10, 18, 31, 34, 37, 54.

17, v. 120 **Alonso Sanchez**: this is the "contador" or controller of the royal treasury; see the annotation to line A 1032r34 of Zaldívar's *Relación*. Cf. Espinosa 1933:136, n. 2.

17, v. 120 **Boca Negra**: Captain Juan Gutiérrez Bocanegra, secretary of the expedition; see the annotation to line A 1032v13 of Zaldívar's *Relación*. Cf. Espinosa 1933:162, n. 11.

17, v. 120 **Reyes**: "Pedro de los Reyes hijo de Sebastian de los Reyes natural de Mexico [fol. 76r] lampiño alto de cuerpo picado de biruelas de hedad de diez | y ocho años" (AGI, México 25, núm. 22-C, fol. 75v27-76r2). Cf. Espinosa 1933:162, n. 12; Hammond and Rey 1953, 1:293; Snow 1998:22, 39, 62.

17, v. 121 **Iorge de la Vega**: no such person appears in any of the Oñate documents I have consulted. Cf. Espinosa 1933:162, n. 13; Snow 1998:24, 47.

17, v. 121 **Iuan de Olague**: see the annotation to line A 1032r35 of Zaldívar's *Relación*. Cf. Espinosa 1933:145, n. 13.

17, v. 122 **Christoual Lopez**: "hijo de Diego

Lopez de Auiles natural de | Auiles de buen cuerpo grueso moreno barbinegro con vna | cuchillada encima del ojo hizquierdo de hedad de quarenta | años" (AGI, México 25, núm. 22-C, fol. 75r17-20). Espinosa 1933:146, n. 19; Hammond and Rey 1953, 1:292; Snow 1998:20, 32, 53.

17, v. 122 **Mallea**: Juan de Mallea does not appear in the Frías Salazar muster roll, but his name appears among the signatories of Oñate's *Relación* of his expedition to Quivira in 1601; see Espinosa 1933:104, n. 11; Hammond and Rey 1953, 2:759; Snow 1998:21, 38, 46, 68, 76; Craddock 1998:509.

17, v. 124 **dar el auentada**: see the annotation to line A 1030v21 of Zaldívar's *Relación*.

17, v. 126 **El prouehedor**: Diego de Zubía; see the annotation to lines A 1029r4-5 of Zaldívar's *Relación*.

17, v. 127 **Aguilar**: Captain Pablo de Aguilar Hinojosa, see the annotation to line A 1029r5 of Zaldívar's *Relación*. Cf. Espinosa 1933:112, n. 14.

17, v. 127 **Marçelo de Espinosa**: see the annotation to lines A 1032r32-33 of Zaldívar's *Relación*. Cf. Espinosa 1933:103, n. 3.

17, v. 128 **Domingo de Lizama**: see the annotation to line A 1032r33 of Zaldívar's *Relación*. Cf. Espinosa 1933:162, n. 14.

17, v. 128 **Ayarde**: Diego de Ayarde; see the annotation to lines A 1032r35-36 of Zaldívar's *Relación*. Cf. Espinosa 1933:162, n. 15.

17, v. 129 **Christoual Sanchez**: "hijo de Geronimo Sanchez natural de Sombrerete | de mediano cuerpo varbicastaño con vna señal en la | nariz junto a las cejas de hedad de veinte y siete años" (AGI, México 25, núm. 22-C, fol. 76r23-25). Cf. Espinosa 1933:119, n. 5; Hammond and Rey 1953, 1:294; Snow 1998:23, 40, 64.

17, v. 129 **Francisco Sanchez**: "hijo de Geronimo Sanchez natural de Sombrerete de vuen cuerpo | barbiponiente y castaño de hedad de veinte y quatro años" (AGI, México 25, núm. 22-C, fol. 77v9-10). Brother of the foregoing; cf.

Espinosa 1933:119, n. 5; Hammond and Rey 1953, 1:296; Snow 1998:23, 40, 65.

17, v. 130 **Iuan de Leon**: "natural de Cadiz hijo de Antonio de Leon dize natural | de Malaga de buen cuerpo barbirojo con vna berruga en la | mexilla derecha de hedad de treinta años" (AGI, México 25, núm. 22-C, fol. 79r18-20). Cf. Espinosa 1933:112, n. 11; Hammond and Rey 1953, 1:298; Snow 1998:20, 38, 50, 68, 70, 71, 76.

17, v. 130 **Zapata**: "Rodrigo Çapata hijo de Francisco Fernandez Picuete natural de Açuaga | pequeño de cuerpo varuicastaño con dos tres señales en la frente | de hedad de veinte y tres años" (AGI, México 25, núm. 22-C, fol. 77r1-3). Cf. Espinosa 1933:146, n. 14; Hammond and Rey 1953, 1:295; Snow 1998:24, 48, 68, 78.

17, v. 130 **Cauanillas**: Juan Velázquez de Cabanillas, see the annotation to line A 1032v9 of Zaldívar's *Relación*. Cf. Espinosa 1933:162, n. 17.

17, v. 131 **Pedro Sanchez, Monrroy**: "Pedro Sanchez natural de Mexico hijo de Hernan Martin de | Monrroy de buen cuerpo barbicano de hedad de cinquenta años" (AGI, México 25, núm. 22-C, fol. 73v4-5). The comma after "Sanchez" should be ignored. Cf. Espinosa 1933:145, n. 9; Hammond and Rey 1953, 1:290; Chávez 1992:102; Snow 1998:12, 23, 62, 69, 72, 78.

17, v. 131 **Villabiciosa**: "Miguel Rodriguez de Villaviciosa hijo de Juanes de Villa- | viçiosa natural de Rantaria mediano cuerpo barbipo- | niente con vn piquete encima de la ceja hizquierda de hedad | de veinte años" (AGI, México 25, núm. 22-C, fol. 76v9-11). Cf. Espinosa 1933:111, n. 6; Hammond and Rey 1953, 1:294; Snow 1998:22 (under "Pérez [Rodríguez] de Villaviciosa"), 51, 68, 77, 82.

17, v. 132 **Francisco de Olague**: "hijo de Miguel de Olague natural de Panico [*sic*] con vna | señal encima del ojo hizquierdo sin barua de mediano cuerpo | de hedad de diez y siete años" (AGI, México 25, núm. 22-C, fol. 80v13-15).

Brother of Juan de Olague, cf. above, 17, v. 121, and Espinosa 1933:162, n. 18; Hammond and Rey 1953, 1:300; Snow 1998:22, 39, 42, 65.

17, v. 132 **los Robledos**: in the Frías Salazar muster roll, the ensign Pedro de Robledo and his four sons appear together—"El alferez P*edro* Robledo natural de Maqueda hijo de Alejo | Robledo de buen cuerpo todo cano de hedad de sesenta a*ño*s... | D*ie*go Robledo natural de Maqueda hijo de d*ich*o P*edro* Robledo | de arriba de buen cuerpo barbirojo de hedad de veinte y siete a*ño*s | ... Alo*nso* Robledo hijo de P*edro* Robledo natural de Cimapan en | la Nueua España de buen cuerpo barbirojo de hedad de ve*int*e | y vn a*ño*s... | P*edro* Robledo hijo de P*edro* Robledo natural de Temazcaltepeque [fol. 74r] de buen cuerpo de hedad de veinte a*ño*s mal varuado... | Franc*isc*o Robledo hijo de P*edro* Robledo natural de Valladolid | en la Nueua España varuilampiño de hedad de diez y | ocho a*ño*s" (AGI, México 25, núm. 22-C, fol. 73v18-74r5). Cf. Espinosa 1933:105, n. 30; Hammond and Rey 1953, 1:294; Chávez 1992:93-94; Snow 1998:22-23, 35, 39, 42, 47, 55, 61, 63, 65, 68, 71, 77. Diego Robeldo was a signatory of Zaldívar's *Relación*; see the annotation to line A 1032r5.

17, v. 133 **Iuan de Pedraça**: see the annotation to line A 1032r34 of Zaldívar's *Relación*. Cf. Espinosa 1933:162, n. 19.

17, v. 133 **Manuel Francisco**: "Manuel Fran*cisc*o hijo de Fran*cisc*o Perez natural de los Rey*no*s de | Portugal de vuen cuerpo varbicastaño y en la mano hizquier- | da vn dedo medio seco de hedad de treinta a*ño*s" (AGI, México 25, núm. 22-C, fol. 74r6-8). Cf. Espinosa 1933:111, n. 9; Hammond and Rey 1953, 1:291; Snow 1998:18, 37, 58, 73, 75.

17, v. 134 **Carabajal**: since this name, apparently an anaptyctic variant of the *apellido materno* of Juan de Vitoria Carvajal (see below, v. 135), is not otherwise attested in the Oñate documents, one must assume that the poet has erroneously made two people of Juan de Vitoria Carvajal.

17, v. 134 **Carrera**: "Gonçalo de la Carrera hijo de Lope de la Carrera natural de Alcala | de Enares de mediano cuerpo varuicastaño de hedad de veinte e | cinco a*ño*s" (AGI, México 25, núm. 22-C, fol. 77v24-26). Cf. Espinosa 1933:162, n. 20; Hammond and Rey 1953, 1:296; Snow 1998:18, 36, 53.

17, v. 134 **los Hinojos**: only one person is mentioned in the Frías Salazar muster roll with this name—"Hernando de Ynojos hijo de Ju*an* Ruiz natural de Cartaya de buen cuerpo | barbicastaño de hedad de treinta y seis a*ño*s"— but he appears alongside his brother "Sebastian Rodriguez hijo de Ju*an* Ruiz natural de Cartaya de | buen cuerpo barbirojo vigotes largos de hedad de treinta a*ño*s" (AGI, México 25, núm. 22-C, fol. 77v11-16). Cf. Espinosa 1933:162, n. 21; Hammond and Rey 1953, 1:296; Snow 1998:20, 38, 42, 51, 72, 76.

17, v. 135 **Iuan de Vitoria**: "El alferez Ju*an* de Victor*i*a Caruajal hijo de Ju*an* de Caruajal natural de | la u*ill*a de Ayotepel en el Marquesado del Valle de mediano cu- | erpo barbicastaño de hedad de treinta y siete a*ño*s" (AGI, México 25, núm. 22-C, fol. 76v19-21). Cf. Espinosa 1933:104, n. 19; 119, n. 6; Hammond and Rey 1953, 1:294; Chávez 1992:14-17; Snow 1998:11, 24, 31, 64, 68, 70.

17, v. 135 **Ortiz**: Juan Ortiz Requelmo, see the annotation to line A 1032v9 of Zaldívar's *Relación*. Cf. Espinosa 1933:103, n. 5.

17, v. 135 **los Varelas**: "Alo*nso* Varela natural de Sanct*iag*o de Galiçia de buen cuerpo bar- | bicastaño de hedad de treinta años hijo de P*edro* Varela... | P*edro* Varela natural de Sanct*iag*o de Galiçia hijo de P*edro* Varela | de hedad de veinte y quatro a*ño*s de buen cuerpo baruirojo" (AGI, México 25, núm. 22-C, fol. 79r12-16). Cf. Espinosa 1933:104, n. 21; Hammond and Rey 1953, 1:298; Chávez 1992:110-111; Snow 1998:24, 40, 51, 67, 78.

17, v. 136 **Francisco Sanchez el Caudillo**: "soldado de d*ich*o capp*it*an Alo*nso* Gomez natural de Cartaya | hijo de D*ie*go S*a*nch*e*z de

vuen cuerpo varbinegro de hedad de trein- | ta
años" (AGI, México 25, núm. 22-C, fol. 73v1-
3). Cf. Espinosa 1933:162, n. 23; Hammond
and Rey 1953, 1:290; Snow 1998:23, 40, 52.

17, v. 136 **Sosa**: Esteban de Sosa signed
Zaldívar's *Relación*, see the annotation to lines
A 1032r34-35; his elder brother also appears
in the Frías Salazar muster roll: "Fran*cis*co
Yllan de Sosa hijo de Fran*cis*co de Sosa
Peñalosa natural del | valle de Altillo
baruiponiente alto de cuerpo de hedad de veinte
| y tres a*ñ*os" (AGI, México 25, núm. 22-C,
fol. 77r21-23), as does their father "el alferez
real Fran*cis*co de Sosa Peñalosa de hedad de
se*sen*ta años [fol. 73r] varvicano de mediano
cuerpo hijo de Fran*cis*co de Peñalosa | natural
de Auila" (AGI, México 25, núm. 22-C, fol.
72v27-73r2). Cf. Espinosa 1933:162-163, n.
24; Hammond and Rey 1953, 1:289, 295;
Snow 1998:10, 12, 23, 40, 43, 48, 65-67, 78,
79, 82.

17, v. 150 **en paradas**: that is, in places where
the herds are at rest.

17, v. 156 **cuentas y abalorios**: both words mean
'beads'; cf. *cuenta* 'cada una de las bolitas
ensartadas que componen el rosario y sirven
para llevar la *cuenta* de las oraciones que se
rezan; y por semejanza, cualquier pieza
ensartada o taladrada para collar' and *abalorio*
'conjunto de cuentecillas de vidrio agujereadas,
con las cuales, ensartándolas, se hacen adornos
y labores', 'cada una de estas cuentecillas'
(*DRAE*). Beads were one of the most frequent items used as *rescates* 'objects for barter or gifts'.

"Dog with a travois" by Frederick N. Wilson (cf. Wilson 1981:85).
See Zaldívar's *Relación*, A 1030r26-v6; *Historia de la Nueva México*, Canto 17, vv. 41-48.

Gaspar Pérez de Villagrá, History of New Mexico, Addressed to Philip III, Our King and Sovereign Lord

Translated by John H.R. Polt
Department of Spanish and Portuguese
University of California, Berkeley

Canto XVI

[...]

The general gave orders at this point
To send the Sergeant Major, and with him
Fifty good men, and that they go forthwith
To find the herds of cattle that the plains
Of Cíbola contained; and to comply
As promptly as could be with this command,
He set out from the camp, and by a cool
Refreshing stream, rich in plum trees and fish,
They rested in good cheer and then went on
Past many another river well supplied
With water, fish, and groves of trees, and there,
Fishing with only hooks, in less than three
Hours the soldiers caught a thousand pounds.

Well, marching on their route, by chance one
   day,
After they'd made a halt upon the slope
Of a low hillock, near a river's bank,
They saw approaching from beyond the crest
A human figure with enormous ears,
Half a yard long, and with a dreadful snout
And with a tail half dragging on the ground,
Dressed in a jerkin stained all o'er with blood,
Bearing a bow and quiver, and intent
On threatening all your men with gestures wild
And leaps and feints such as they'd never seen.
And when the Sergeant Major ordered them
To be alert and wait to see what might
Come of this show, they saw it was an Indian
Approaching, his sole aim to frighten them,
Firmly convinced the Spaniards would desert
Their baggage and seek refuge, leaving him

The master of it all, and not suspect
The crude imposture of that savage brute.
And so they all put on a show of fright,
Timidity, and cowardice, and hid—
Or so pretended—out of fear among
The clothing in their baggage; and when he
Saw that they were afraid he rushed among
   them,
Gesticulating wildly to sow terror.
And after this performance they all seized him
And on the instant snatched away his mask,
So that ashamed and sad, in tears he begged
For the return of his disguise, which they
Restored to him with many a laugh and jest.
The Sergeant Major would not have him leave
Until he'd shown a cheerful face to all,
And once he'd done so, off the savage marched,
In equal measure downcast and content.

From there they went on to another river,
And by it saw a handsome savage who
Was fairer than a Fleming, with blue eyes,
Slowly advancing with a troop of archers
Upon the Spaniards; and on reaching them
He calmly looked them over one by one.
The Sergeant Major saw this nonchalance,
The slow and silent way of viewing them,
Scarcely acknowledging their being there
Nor looking any of them in the face,
And so he gave the order for some men
To approach the stranger and right in his ear
Shoot off a well-charged musket, to inspire
Fear and astonishment in him. Well, barely
Had they done this when just as if the gun

75

Had not been fir'd he lifted his white hand
And with one finger slowly bored his ear
And then withdrew it, ever as serene
As if he were of finest marble made.
The Sergeant Major, seeing such a wonder,
Gave orders that they treat him with respect,
And courteously took him by the arm
And offered him a large knife as a gift;
And the barbarian took it, looked at it,
And with the slightest movement of his hand
Passed it on to his men, who then at once
Attached it to his belt. At this they asked
Him to provide them with a guide who might
Take them all to the plains that they were seek-
     ing.
No sooner had they said this when he called
A certain savage to come forth from those
Who formed his company and ordered him
To lead them like a pilot to the plains
They spoke of. Never sentence harsh or loss
Of life was feared more than that savage feared
This great command; as if he were an anvil,
They did not see him, though so greatly moved
That he was shaking and quite out of breath,
Make a reply or say a word in turn.
He left them then, and just as he had come,
With solemn steps withdrew from out their
     sight.
The Sergeant Major set off with the guide,
Taking good care to have him always watched,
Lest he escape and there abandon them.
Well, while Marcos Cortés was struggling
     through
The dismal midnight watch, the Indian sly
Broke through his bonds and, like the comet
     that
Swiftly traverses its appointed path,
So did he his, the Spaniard in pursuit,
And both of them were running at such speed
That two full leagues they ran, until Cortés,
Lost and exhausted, stopped, deeply ashamed.
Well, since the Sergeant Major did not know,
Nor any other man had any inkling
Of where that tiresome chase had led the two
Or even their direction, till the dawn

They waited there; and as they sadly stood,
For noon had passed and it was about three,
Cortés arrived all in a sweat and brought
A dozen strapping savages, and said
To all in his most bold and lively way,

"If I had found a hundred, and not twelve,
I'd bring them all, and that would be a fair
Repayment as defined by Holy Gospel:
One got away from me, and these I bring,
And would not come here if I did not know
That any one of these that come with me
Can well replace the one that got away."
At this they all set out in great good cheer;
And what they saw and did, their exploits bold
Ought in another canto to be told.

Canto XVII

*How the Sergeant Major set out with the new guides
     brought by Marcos Cortés, and how he reached
     the plains of Cíbola, and of the many cattle he saw
     there...*

What damage can there be so great that cure
And restitution are beyond our reach,
If but the man through whom the evil's done
Be one of valor and of probity?
And so since good Cortés had lost the savage
Who bolted on his watch and then outran him,
Feeling deep shame he went off on a path
Heavily traveled by the natives there
And saw twelve naked savages who'd strayed
All by themselves onto that road, where they
In a blind fury dashed after a stag,
A splendid animal that in his fear
Led them to where Cortés all pensive marched,
Who saw him clearly, and no sooner saw
Than with his arquebus he aimed and fired,
And though the stag was some way off he struck
Him in midair while leaping with great power
And stretched him dead upon the ground, the
     smoke
Still rising from the chamber of his gun.
When the barbarians saw this they were struck

As dead as was the beast now lying there,
Thinking he was a god, since with the lightning
Sent forth from his bold hands, the beast they
    followed
Was suddenly bereft of life and breath.
And seeing how they stood there in amazement,
Dumbfounded by this sight ne'er seen before,
He called them all to come to him, and they,
Fearful and timid, dragging their long bows,
Without a word, all apprehensive, sad,
With lowered heads, lest suddenly they, too,
Should be consumed by fire, with fear and
    trembling
Drew near the place where the brave Spaniard
    stood
Imperiously looking o'er the scene.
At this point four barbarian women came
By that same spot driving a loaded train
Of dogs, which customarily they use
Around here for the carrying of loads
As though they were pack-mules, and though
    they're small
They'll carry seventy or a hundred pounds,
And all have sores as do our beasts of burden,
Because their loads are carelessly strapped on.
To these women Cortés gave the great stag,
And they spoke to the savages and then,
Timidly, trembling with fear, they took it,
While with extreme shows of respect the men
Came to the stout Extremaduran, who
Told them to come with him; and so the lot
Our men took with them to the plains and there
They came upon a bull grazing alone;
And though the sight of him instantly set
Their horses snorting, bucking every way,
Still spur and bridle forced them to draw near,
Surrounding the great beast with much rejoicing
And to the amazement of the savage band,
Who saw the lordly and majestic way
In which the Spaniards exercised dominion
Over the force and fierceness of these beasts,
So strong and spirited, which each of them
Ruled and subjected to his sovereign will.
With the sole aim of augmenting their fright
The Sergeant Major bade them all be still,

And stood facing the beast, sending a shot
From his light arquebus into its brains,
So swiftly that, its four feet spread, its belly
Crashed on the ground and turned. Lifeless it
    lay,
Stiff, shuddering, supported on its back.
Then all together they proceeded farther
Onto the plains, and when they reached them
    found
So vast a sum of cattle grazing there
The mind reeled at the very thought of them.
Their size is like that of Castilian bulls,
Extremely woolly, hunchbacked; and their meat,
Delicious; their horns, black; the finest fat,
Excellent tallow. They sport beards like goats,
And all of them are swift and run so fast
That they outrun by far the fleetest deer;
Their herds are so immense that oftentimes
Twenty or thirty thousand head they hold,
And so extensive are the plains they roam
That for six hundred or eight hundred leagues
They stretch before you like a tranquil sea,
Without a trace of hill or fence, and where
The human eye can roam and never strike
An elevation even orange-sized,
If I may put it so. Your Majesty,
So flat they are that if one were by chance
And evil fortune lost upon these plains,
He would be quite as lost as if at sea
He floated with no slightest hope of ever
Escaping from so dreadful a misfortune.

And so the Sergeant Major, wishing then
To catch some of these cattle on the plains
And bring them to the village of San Juan
To show them off, gave orders to his men
To build a good long wing of sturdy logs,
Which was forthwith constructed by a crew
Composed of Captain Ruiz, and Juan de Salas,
Juan López, Andrés Pérez, and Juan Griego,
And with them, too, Pedro Sánchez Damiero,
Juan Guerra, Simón Pérez, Escalante,
Alonso Sánchez, Bocanegra, Reyes,
And Jorge de la Vega, and Juan de Olagüe,
And good Cristóbal López, and Mallea.

And once they'd built the wing, all of these men
Rode out to drive the cattle, and with them
The quartermaster and also those captains,
Aguilar and Marcelo de Espinosa,
Domingo de Lizama, and Ayarde,
Cristóbal Sánchez and Francisco Sánchez,
Juan de León, Zapata, and Cavanillas,
Pedro Sánchez Monroy, Villaviciosa,
And Francisco de Olagüe, and the Robledos,
Juan de Pedraza and Manuel Francisco,
Carabajal, Carrera, and the Hinojos,
Juan de Vitoria, Ortiz, and the Varelas,
Francisco Sánchez, called the Chief, and Sosa.
Each mounted on a swift and sturdy mare,
They rode to drive the cattle, which no sooner
Noticed the wing than like a powerful wind
That turns into a whirlwind, so they stopped
And then charged back, and with their mighty
    pounding
They raised so great an earthquake that the men,
But for the shelter of some nearby rocks,
Would all have been dismembered 'neath their
    hooves.

And that is why the order was then given
To kill these cattle on the open range;
And when proper arrangements had been made,
They butchered some for meat for their return
And bade a fond farewell to the twelve Indians
Whom good Marcos Cortés had brought and
    whom
They gave abundant brightly-colored beads,
Whereupon these went off duly impressed
By Spanish arms and strength. And on these
    plains
Our men constantly saw many Vaqueros,
Who kill these cattle while on foot, thereby
Feeding themselves, hard workers, sturdy folk,
Free and unfettered, lively, spirited;
And they have splendid tents, skillfully made
Of the skins of these cattle, which they tan
To make it supple so that you can wet it
And it will dry softer than finest linen.
[...]

"Bison" by Bob Hines (cf. Matthiessen 1987:150);
reproduced with permission of Penguin Putnam Inc.

Appendix

Zaldívar's *Relación*:

Facsimile reproductions of two uncertified copies:
Archivo General de Indias, Seville, Patronato 22, Ramo 13,
fols. 1185r-1188r (C_1) and fols. 1234r-1237r (C_2).
Transcription by Jerry R. Craddock

Juan de Montoya,
Relación de la Jornada de las Vacas,

from his *Relación del descubrimiento del Nuevo México*
(Rome: Bartholamo Bonfadino, 1602), pp. 22-35,
in facsimile reproduction from Hammond and Rey 1938, pp. 98-111, with permission of the University of New Mexico Press.

12

Treslado de Algunas Relaciones ɋ el Gouernador Don Juo deoñate
ynbio Al Virrey Conde demonterrey de Algunas Jornadas deScubrimientos
ylen Sayes que Sefiçieron enlos Reynos yprouinçias delanueba Mexco

Vn dela Jornada
ʠVbrimiento delas
al deçibola

Salieron del Real ElSargento mayor Viçentedecaldibar Mendoça yel
prouedor General Diego decubia Elcapan aguilar yotracapitones ySol
dados hastanumero deSesenta muy bien abiados demuchas manadas
deyeguas yotros pertrechos ʠala baqueria aquinçe de Septʳᵉ yllegaron
alospeccos Adiez yocho dels Salieron aleynte dexando allipor Cabdo
deaquella prouinçia Al Padre fray franco deSant miguel dela horden
del Señor Sant franco ʠaʃudedios dinado naguatato deaquella lengua
ɋela ʠlamo espexo Laprouinçia del Jamos Dednde fue Vn dn pedro
org. yndio de ʠ̃ta siera ʠmurio en Panejantla enpoder ʠ̃stina
delospadres de Sant franco ydespues deandadas quatro leguas llega
ron alparaje dela ciruelas donde ay grandissima ʃumadellas de
Castilla ciruela Almonaçi decadecordoba lotrodia andubieron Cotras
çinco leguas yalastres ay agua aun ɋ dormieronʃniella lotrodia
andubieron dos leguas aun Riachuelo pequeño de Poca agua
mas degrandissima ʃumadepescado bagre Sardina Camaron yma
talote Donde con solo anuelo Sepescaron enaquellanoche que
bagres yotrodia muchos mas enaquel paraje Sefaliron ɋquatro
yndios baqueros hiçieronles dar deComer yrrescatel Seuantoʃe Vno
dellos y dio muchas boces amuchosyndios ɋʃtauan eʃcondidos ybinie
ron dodos aldnde ʃtauan los ygrandes esgente demuchasfuerças
Son dos ʠflecheros dioles ElSargentomayor a Todos Reseates yqasiʠue
los yydioles Vnaheçia paralas bacas La ɋ ʃedieron demuy
buena gana lotrodia Caminaron Seis leguas y fueronaʃna agua Cobe
dixa alli Salieron deVnasiera tres yndios y Preguntandolʃ
porfu Rancheria dixeron ɋ ʃtaua Vnalegua dealli yɋʃtauan
muy Alborotados deberos propor aquellasiera ypor ɋ noʃe Albro
taʃsenmas yendomuchagente fue ElSargentomayor con folosʃn
companero afu Rancheria diçiendoles a los syʃyndios por medio ʃl
ʃu ynterprete ylengua ɋ lleuaua llamado Subepollo yndio

Treslado de algunas rrelaçiones que el gouernador don Juan de Oñate

ynbio al virrey conde de Monterrey de algunas jornadas descubrimientos

y ensayes que se hiçieron en los rreynos y prouinçias de la Nueba Mexico

{margin} [R]elacion de la jornada | [y de]scubrimiento de las | [va]cas de Çibola

Salieron del rreal el sargento mayor Viçente de Çaldibar Mendoça y el

5   proueedor general Diego de Çubia el capitan Aguilar y otros capitanes y sol-

dados hasta numero de sesenta muy bien abiados de muchas manadas

de yeguas y otros pertrechos para la baqueria a quinçe de septiembre y llegaron

a los Peccos a diez y ocho de do salieron a veynte dexando alli por perlado

de aquella prouinçia al padre fray Francisco de Sant Miguel de la horden

10   del señor sant Francisco y a Juan de Dios donado naguatato de aquella lengua

que es la que llamo Espexo la prouinçia Tamos de donde fue vn don Pedro

Oroz yndio de esta tierra que murio en Tanepantla en poder y dotrina

de los padres de sant Francisco y despues de andadas quatro leguas llega-

ron al paraje de las çiruelas donde hay grandissima suma dellas de

15   Castilla çiruela almonaçi de la de Cordoba otro dia andubieron otras

çinco leguas y a las tres ay agua aunque dormieron sin ella otro dia

andubieron dos leguas a un rriachuelo pequeño de poca agua

mas de grandissima suma de pescado bagre sardina camaron y ma-

talote donde con solo ançuelo se pescaron en aquella noche quinientos

20   bagres y otro dia muchos mas en aquel paraje le salieron quatro

yndios baqueros hiçieronles dar de comer y rrescates leuantose vno

dellos y dio muchas boçes a muchos yndios que estauan escondidos y binie-

ron todos adonde estauan los españoles es gente de muchas fuerças

lindos flecheros dioles el sargento mayor a todos rrescates y apaçiguo-

25   los y pidioles vna guia para las bacas la qual le dieron de muy

buena gana otro dia caminaron seis leguas y fueron a vna agua llobe-

diza alli salieron de vna sierra tres yndios y preguntandoles

por su rrancheria dixieron que estaua vna legua de alli y que estauan

muy alborotados de bernos yr por aquella tierra y porque no se alboro-

30   tassen mas yendo mucha gente fue el sargento mayor con solo vn

conpañero a su rrancheria diçiendoles a los tres yndios por medio de

vn interpete y lengua que lleuaba llamado Jusepillo yndio

Delos q̃ truxieron Humaynax Leyba y q̃ fueron conellos hasta
vn rrio grandissimo ladeRista al oriente haciala florida q̃ Por lo
entendimos Ser El afamadorrio delamagdalena q̃ entra enladha florida
y Ser aquella la Via q̃ traxeron Dorante cabeça devaca y El
negro q̃ della salieron aesta tierra y alas Plancherias y hemos
delos para o huery q̃ fuesen delante y dhegasen la gente q̃ El dho
queria yr a berlos y ser sus amigos y como tres quartos delegua apartados
del Real se fueron saliendo de quatro en quatro y de seis en seis gran
suma de gente pidiendole su amistad y el modo q̃ tienen es q̃ se lo ponian
a estender la palma delamano derecha hacia el sol y luego a bolver la
a laper sona con quien quieren amistad Dioles así mismo Rescate e most
tuaronle mucho llegose a su Plancheria y aun q̃ era cerca della Por la
racion hubo de yr por q̃ no les pareciese q̃ lo dexaba por miedo llegose alli
y q̃ hubo con ellos en gran amistad y bolvio muy noche a su Real y otro
dia yendo Marchando le salieron muchos yndios y ndias con sus no
ellos andan los mas desnudos algunos cubiertos con pellejos de
cibola y algunas mantas y ellos son pintos como falcones de Camyssa
y sus capatos plotones ofrecios dioles Algunos Rescate y dixoles
por medio del ynterprete q̃ El Dho Gouernador Don Ju° deOnate le yn
biaua a q̃ fuesen q̃ hauia de fauorecer a los q̃ fuesen leales a su
mag. y a castigar a los q̃ no lo fuesen quedaron todos de paz y muy con
tentos pidieronle ayuda para contra los xumanos q̃ ellos llaman
a vna nacion deyndios Rayados al modo delos chichimecos vino me
tioles El dho su sargento mayor a procurar q̃ Poder recibiesen y Pero
a este fin hauia venido a su tierra y despidiendose Partio de alli y a unos
otros tres dias diez leguas y a fin dellas vio El primer toro de cibola y
como algo viejo andaua apartado y su mo a poco y así se hicieron grandes
Regosijos y fueron para Podrlindo pero como por El menor dela fino
no se Contentaba dondiqui e a se hicieron todos luego el Riscou
en trio laguerilla mas de trecientas vacas y en otros tres dias se
andubieron como tres leguas y Reparon como hasta quatro mil reses
y en aquel parase se hallo muy buena Comodidad y para hazer nras
con sus mangas y daud se hacen un hazerlos de Retiro El Ganado

de los que truxieron Humayna y Leyba y que fueron con ellos hasta

vn rrio grandissimo la derrota al oriente haçia la Florida que todos

entendimos ser el afamado rrio de la Magdalena que entra en la dicha Flo-

rida y ser aquella la via que traxeron Dorantes Caueça de Vaca y el

5   negro que della salieron a esta tierra y a las rrancherias y sierras

de los patarabueyes que fuesen delante y sosegasen la gente que el solo

queria yr a berlos y ser su amigo y como tres quartos de legua apartado de

su rreal le fueron saliendo de quatro en quatro y de seis en seis gran

suma de gente pidiendole su amistad y el modo que tienen para pedirla es

10   estender la palma de la mano derecha haçia el sol y luego boluerla

a la persona con quien quieren amistad dioles asimismo rrescates e ynpor-

tunaronle mucho llegase a su rrancheria y aunque hera çerca de la ora-

çion hubo de yr porque no les paresciese que lo dexaba por miedo llego alli

y estubo con ellos en gran amistad y boluio muy noche a su rreal y otro

15   dia yendo marchando le salieron muchos yndios e yndias con pinole

ellos andan los mas desnudos algunos cubiertos con pellexos de

Çibola y algunas mantas y ellas con vnos como calçones de gamuza

y sus çapatos o botines a su modo dioles algunos rrescates y dixoles

por medio del ynterpete que el señor gouernador don Juan de Oñate le yn-

20   biaua a que supiesen que hauia de fauoreçer a los que fuesen leales a su

magestad y castigar a los que no lo fuesen quedaron todos de paz y muy con-

tentos pidieronle ayuda para contra los xumanas que ellos llaman

a vna naçion de yndios rrayados al modo de los chichimecos prome-

tioles el dicho sargento mayor de procurar que todos tubiesen paz porque

25   a este fin hauia benido a su tierra y despedidos se partio de alli y camino

otros tres dias diez leguas y al fin dellas vio el primer toro de Çiuola que

como algo viejo andaua apartado y corria poco y asi se hiçieron grandes

rregoçijos y fueron para todos lindo picon porque el menor de la conpañia

no se contentaua con diez mill rreses de solo su rrodeo luego se bieron

30   en vnas lagunillas mas de treçientas bacas y en otros tres dias se

andubieron como siete leguas y toparon como hasta quatro mill rreses

y en aquel paraje se hallo muy buena comididad para hazer corral

con sus mangas y dandose horden en hazerlo se rretiro el ganado

1166 46.

mas de seys leguas la tierra adentro Visto y el sargento may
or dixo de sus soldados se adelanto aun dio q estaua seys leguas
de alli y biene de hacia la prouincia de los picuries y sierra neuada
q en ellos esta adonde hauia dho la guia hauia muchissimos ganados
y llegado al rio el ganado se hauia retirado respecto de hauer ya sal
ido entonces muchos yndios baqueros q venian de contratar en los pica
ries y taos q ellos se puebloffs de en nuebo mexico a los q les venden
carne cueros manteca y sebo y sal a trueco de mantas algodon
y maiz y algunos chalchiquitillos verdes q usan durmio
en aquel rio y otro dia boluiendo hacia su Real encontro una ran
cheria en q hauia cinquenta tiendas de cueros adouados extrema
dissima mente blandos y blancos la firma de aquellas tiendas
en sus cortes y sertanolas dan curiossos como en ytalia y san
grandes q en las muy ordinarias hauian quatro colchones y cama
distintas muy holgadamente y el adobo dan lindo q aun que
llueua o qantaros no las passa ni se endurece el cuero antes en
secandose queda tan blando y tratable como antes q por ser otra
marauillossa quisso hazer la experiencia y cortando un pedaço
de cuero de una tienda se hecho en Remojo y q dexo a secar al sol
y quedo de la mesma Manera tratable como sino se hubiera mo ado
relato una el desso sargento mayor y la truxo a este Real y con ser
tan grande como dissto no pessauamos de dar arrobas y passa
arça y los qalos on q le la trman y una Mochila de carne y
ch qenole y maiz q usan un semillo medianos lauado los desse
y ndios q le escriue de mulas q a una gran Recqua de ellos cinquen
ta por los pueblos y anquellos y con quatro arrobas de peso por lo
menos camina lo mismo que su amo y q la otta de ber y muy q ha
dexar los yr los puntas de los palos arrastrando y assi
todos ellos marauillos de los encuentros unos tras otros haciendose
iornada y q q ha arçarlos escogen las yndias la laurça en tie los
viernas y afilos arçan se enderecan la arça q por lleguesme
nester por q andan de andadura como si q hubieran en seriados on hueltas
vueltas al Real holgaran aquel dia y otro q ser dia des d q hran

84

mas de ocho leguas la tierra adentro visto esto el sargento mayor

con diez de sus soldados se adelanto a un rrio que estaua seys leguas

de alli y viene de hacia la prouincia de los picuries y sierra neuada

que en ellos esta ado le hauia dicho la guia hauia muchissimo ganado

5   y llegado al rrio el ganado se hauia rretirado rrespecto de hauer pasado

entonçes muchos yndios baqueros que venian de contratar con los picu-

ries y taos pueblos populossos de este Nuebo Mexico a los que les benden

carne cueros manteca y sebo y sal a trueco de mantas algodon

loza y mayz y algunos chalchiguitillos berdes de que husan durmio

10   en aquel rrio y otro dia boluiendo hacia su rreal encontro vna rran-

cheria en que hauia çincuenta tiendas de cueros adobados extrema-

dissima mente colorados y blancos la forma de pauellon rredondas

con sus botones y portañolas tan curiosos como en Ytalia y tan

grandes que en las muy hordinarias cauian quatro colchines y camas

15   distintas muy holgadamente y el adobo tan lindo que aunque

llueba a cantaros no las passa ni se endureçe el cuero antes en

secandose queda tan blando y tratable como antes que por ser cossa

marauillosa quisso hazer la experiencia y cortando vn pedazo

de cuero de vna tienda se hecho en rremojo y puso a secar al sol

20   y quedo de la misma manera tratable que si no se hubiera moxado

rrescato vna el dicho sargento mayor y la truxo a este rreal y con ser

tan grande como dicho es no pesaua mas de dos arrobas y para esta

carga y los palos con que la arman y vna mochila de carne y

su pinole o mayz husan vn perrillo mediano lanudo los dichos

25   yndios que les sirue de mula y va vna gran rrequa dellos çinchados

por los pechuelos y anquillas y con quatro arrobas de pesso por lo

menos camina lo mismo que su amo y es cossa de ber y mucho para

rreyr berlos yr las puntas de los palos arrastrando y cassi

todos ellos matadillos en los encuentros vnos tras otros haçiendo su

30   jornada y que para cargarlos les coxen las yndias la caueça entre las

piernas y asi los cargan o endereçan la carga que pocas vezes es me-

nester porque andan de andadura como si estubieran enseñados con sueltas

bueltos al rreal holgaron aquel dia y otro por ser dia del señor san Francisco

ya çinco deotubre caminaron por llegar (...) delganado y entre
dos y anduieron catorçe leguas donde hallaron y mataron mucha
suma debacas y otro dia pasaron diez y seis leguas mas adelante buscando buena comodidad y apareçio para corral y hallandola se en-
5 caron a hazer de grandes troços de alamos y tardaron tres dias
en que la acauaron tan grande y con tan largas mangas que pensaron
encerrar diez mill reses por que aquellos dias eran tantos y andauan
tan çerca de las tiendas y cauallada que en efeto y que quando corren
pareçeran alaneadas y dauan saltillos subieron por muy çierta
10 la presa por que afirman que en solo aquel paraje hauia mas que
en todas las estançias de las mias por que los sos de lanueua españa ver que
han visto todo no es lo otro luego el corral salieron otro dia a una
llanada donde la tarde antes se hauian visto como çien mill
reses y andauan la abentada en poco o salir el ganado muy
15 bien haçia el corral y apoco de rato se rebolvio con gran furia haçia
doe venia la gente y corrio por toda ella sin que huuiera aspiraçion
sin que fuese posible resistirlos por que es ganado de el mas
terrible desden y coraje que se puede pareçer y tan ligero que
de corren todo el corre y si le paran en tan poco a poco se para y se
20 rebuelcan como si fueran mulas y con esse aliento tornan de
nueuo a su carrera intentaronse mil remedios en algunos dias para
encerrarlo o para hazer rodeos del y por ninguna via fue posible,
y no el deespantar por que es tan notablemente çimarron y fiero tanto que
nos mato tres cauallos y nos hirio quarenta muy mal por que tienen
25 las astas muy agudas y medianas como decabalino y medio y
retorçidas una contra otra es lo alto y hiere delado y baja y
mucho la cauiça de manera que lo que coxe lo alça muy bien
con todo esso seruio a muchos dellos y se hiçieron de ochenta arrobas
para arriba demanteca que exçede sin ninguna duda a la del
30 puerco con muchas ventajas y la carne del toro a la de una baca
y la de la baca qual la con una muy tierna ternera o carnero
— Visto que es que el ganado mayor no se podia traer en pie a esta
gente mayor en hazer casi ternera y çerraronse de manera que

86

y a çinco de octubre caminaron por llegar al golpe del ganado y en tres

dias andubieron catorçe leguas donde hallaron y mataron mucha

suma de bacas y otro dia pasaron tres leguas mas adelante bus-

cando buena comodidad y aparejo para corral y hallandola le enpe-

5 çaron a hazer de grandes trozos de alamos y tardaron tres dias

en que le acauaron tan grande y con tan largas mangas que pensaron

ençerrar diez mill rreses porque aquellos dias bian tantas y andaban

tan çerca de las tiendas y cauallada que con esto y que quando corren

paresçe ban maneadas y dando saltillos tubieron por muy çierta

10 la pressa porque afirman que en solo aquel paraje hauia mas que

en tres estançias de las mas populossas de la Nueba España los que

han visto lo vno y lo otro hecho el corral salieron otro dia a vna

llanada donde la tarde antes se hauian visto como çien mill

rresses y dandoles la abentada enpeço a salir el ganado muy

15 bien haçia el corral y a poco rrato rreboluio con gran furia haçia

do benia la gente y rronpio por toda ella con yr bien apiñados

sin que fuese posible rresistirlos porque es ganado del mas

terrible tesson y coraje que se puede encareçer y tan matrero que

si corren tras el corre y si se paran o ban poco a poco se para y se

20 rrebuelcan como si fueran mulas y con este aliento torna de

nueuo a su carrera tentaronse mill modos en algunos dias para

ençerrarlo o para hazer rrodeo del y por ninguna via fue posible

y no es de espantar porque esta notablemente çimarron y feroz tanto que

nos mato tres cauallos y nos hirio quarenta muy mal porque tiene

25 las aspas muy agudas y medianas como de a palmo y medio y

rretorçidos vna contra otra a lo alto y hiere de lado y bajando

mucho la caueça de manera que lo que coxe rrasga muy bien

con todo esso se mato mucho dello y se hiçieron de ochenta arrobas

para arriba de manteca que exçede sin ninguna dubda a la del

30 puerco con muchas ventajas y la carne del toro a la de nuestra baca

y la de la baca yguala con nuestra muy tierna ternera o carnero

visto pues que el ganado mayor no se podia traer en pie dio el sar-

gento mayor en hazer coger terneras y enperraronse de manera que

de muchas que se trayan vna maltratadas otras sobre los
cauallos ninguna llego vna legua a su Real que no se muriessen
dentro de vna ora pocomas y asi se cree que dino son elecion nacidos
y a la querencia de mas bacas y cabras no se podrian traer hasta
que el ganado amanse mas de lo questa cuya hechura y firma es
tan marauillossa y de reyr y espantarse que el que mas vezes las
vee mas desse a berlo y ninguno sera tan melancolico que si
cient vezes las vee alli no se ria muy de gana otras tantas y o
se admire de ver animal tan fiero

cuyos cuernos son negros del tamaño ya dho de vna tercia
que parescen de buffano los ojos pequeños rostro y ocico y pies y
vñas de la misma firma de mas bacas salvo questan muy barvadas
el toro y la baca como cabrones llenos de santalana que les cubre
los ojos y cara y el ocico casi todos los cuernos cepa alas de la lana
larga y muy tratable y blanda hasta alli el medio cuerpo y de alli
adelante es el pelo mas pequeño sobre las agujas tienen tanta
y sube tanto el lomo que parecen corcouados aunque en realidad
de verdad no lo son mucho por que sacados los cueros se les quita
la corcoba muy facilmente sin mayor enfermedad que otro ganado
la polilla de la misma manera que en puercos con pocas cerdillas
el sauo muy corta y que la retuerce arriba quando corren y los
de las tienen vna naturales ceja ban tan de pelo muy largos de
las ancas que son como de mula son derrempados y ca corbos y asi corren
de la llanera a saltos y muesos en especial cuesta a baxo son
todos de vna color negros algo leonados y en parte de tinto el pelo
y se es de firma que a la vista que a tomar y eros que puede significar
la pluma podra se matar quanto ganado quisieren hacerse a los
poblaciones que estan de ellos como treynta o quarenta leguas muy
verdaderssamente si han de venir hueco de ya de tiempo y vaquallos
de espacio no los amansan

hallaron se en el camino algo de los corrales y ermidas que hicieron por bayre
mana salieron desta tierra huyendo de las que venia de la nueva y que apoderodo los

de muchas que se trayan vnas rrabiatadas otras sobre los

cauallos ninguna llego vna legua a su rreal que todas se murieron

dentro de vna ora poco mas y asi se cree que si no son rreçien nacidas

y a la querençia de nuestras bacas o cabras no se podran traer hasta

5   que el ganado amanse mas de lo que esta cuya hechura y forma es

tan marauillossa de de rreyr o espantarse que el que mas vezes lo

vee mas dessea berlo y ninguno sera tan melancolico que si

çient vezes lo vee al dia no se rria muy de gana otras tantas o

se admire de ber animal tan fiero

10   ¶ cuyos cuernos son negros del tamaño ya dicho de vna terçia

que paresçen de bufano los ojos pequeños rrostro y oçico pies y

vñas de la misma forma de nuestras bacas saluo que es muy baruado

el toro y la baca como cabrones llenos de tanta lana que les cubre

los ojos y cara y el copete casi todos los cuernos llegales esta lana

15   larga y muy tratable y blanda hasta cassi el medio cuerpo y de alli

adelante es el pelo mas pequeño sobre las agujas tienen tanta

y sube tanto el lomo que pareçen corcouados aunque en rrealidad

de verdad no lo son mucho porque estacados los cueros se les quita

la corcoba muy façilmente son mayores en comun que nuestro ganado

20   la colilla de la misma manera que vn puerco con pocas çerdillas

al cauo muy corta y que la rretuerçe arriua quando corren en las rro-

dillas tienen vnas naturales ligabanbas de pelo muy largo de

las ancas que son como de mula son derrengados y cazcorbos y asi corren

de la manera ya dicha a saltos y mucho en espeçial cuesta abajo son

25   todos de vna color negros algo leonados y en parte rretinto el pelo

esta es su forma que a la vista es arto mas feroz que puede significar

la pluma podrase matar quanto ganado quisieren traerse a estas

poblaçones que estan del como treynta o quarenta leguas muy

difficultossamente si ha de benir biuo si ya el tiempo y baqueallos

30   de espaçio no los amansa mas

¶ hallaronse en este camino algunos de los parajes y dormidas que hiçieron Leyba y Hu-

maña salieron desta tierra huyendo de la gente que venia de la Nueba España a prenderlos

ças sobre dhas vacas tienen sus querencias sobre unas mesas
llanissimas q tienen muchas leguas por q despues q se subio aella
subida muy pequeña como de unas lomas deanduuieron treynta
leguas continuas llenas deynfinito ganado y Jamas seles hallo
cauo ni tienen sierra ni arbol ni mata sobre si y q tan bien en ellas
solam.te se guiauan por el sol y por el norte corre por lo mas alto dellas
un Rio mediano q es cossa marauillossa al pareçer q ua por lo mas
alto q en su nacimiento y por q tan bien sube q la sca tiene muy pe
cado y caua(n)ron al pie destas messas en algunas partes q hazen varia
das ay gran cantidad desalinas eynfinitos todos de agua q de
salen delas propias mesas y a media legua aun lado apartadas dellas
ay grandes alamedas corrydios de toda aquella tierra en
muchos viuen en Rancherias q los sobredos atiendas depueros si
quen siempre el ganado y tras el se andan Tan abrigados con sus
pabellones como en qualquier cassa lo pudieran estar y como comen
carne cassi cruda y mucha manteca y seuo q lessiruen como depan
reuasa en la una mano y la manteca elada ela otra y bocado de
uno y ella grande Ruuios y fornidos y ualientes sumunicion el poder
nal arco turquesco muy grande algunas flechas hieron con sus pun
tas largas de pues aun q poco por ser mejor el pedernal q para
matar las vacas q no labran ymatan las del primer tro en vos
cados enRamadas hechas en los abreuaderos con grandissima
destreza como alli lo hieron todos los q fueron los q les y el
dho sargento mayor Tardaron en su uiaje cinquenta y quatro dias
y boluieron aeste Real aceso de nouy.e semicles que cynquenta
ya españoles a dios gracias.

en el q.o de sant Ju.o baptista a ueynte y tres dias del mes de
hebrero de mill y qu.os nouenta y nueue años ante don Ju.o de oñate
gou.or y cap.an general y adelantado delas Prouincias y Reynos del
nueuo mex.o conquistador poblador ypacificador dellas por el Rey
nuestro s.or el s.or Vicente de aldrual mendica sargento mayor cap.an
q fue delas compañias delos dhos Reynos y exercito de su mag.d

90

estas sobredichas vacas tienen sus querençias sobre vnas messas

llanissimas que corren muchas leguas porque despues que se subio a ellas

subida muy pequeña como de vnas lomas se andubieron treynta

leguas continuas llenas de ynfinito ganado y jamas se les hallo

5 cauo ni tienen sierra ni arbol ni mata sobre si y estando en ellas

solamente se guiaban por el sol y por el norte corre por lo mas alto dellas

vn rrio mediano que es cossa marauillossa al pareçer que va por alli mas

alto que en su naçimiento y parece que antes sube que vaxa tiene mucho pes-

cado y camaron al pie destas messas en algunas partes que hazen caña-

10 das ay gran cantidad de sabinas e ynfinitos ojos de agua que

salen de las propias mesas y a media legua a un lado apartadas dellas

ay grandes alamedas los yndios de toda aquella tierra son

muchos biuen en rrancherias en las sobredichas tiendas de cueros si-

guen sienpre el ganado y tras el se andan tan abrigados con sus

15 pabellones como en qualquier cassa lo pudieran estar y como comen

carne casi cruda y mucha manteca y seuo que les sirue como de pan

el tasajo en la vna mano y la manteca elada en la otra y bocado en el

y en ella crianse luçios y fornidos y valientes su muniçion es peder-

nal arco turquesco muy grande algunas flechas bieron con pun-

20 tas largas de guesso aunque pocas por ser mejor el pedernal para

matar las bacas que no la bara y matanlas del primer tiro enbos-

cados en rramadas hechas en los abreuaderos con grandissima

destreza como alli lo bieron todos los que fueron los quales y el

dicho sargento mayor tardaron en su viaje çinquenta y quatro dias

25 y boluieron a este rreal a ocho de noujembre de mill y quinientos y nouenta

y ocho años a dios graçias

¶ en el pueblo de Sant Juan Baptista a veynte y tres dias del mes de

hebrero de mill y quinientos y nouenta y nueue años ante don Juan de Oñate

gouernador y capitan general y adelantado de las prouinçias y rreynos del

30 Nueuo Mexico conquistador poblador y paçificador dellas por el rrey

nuestro señor et cetera Viçente de Çaldiuar Mendoça sargento mayor capitan

y cauo de las conpañias de los dichos rreynos y exerçito de su magestad

Presento esta Relacion dla Jornada q[ue] hizo Por mandado dl su
señoria a las bacas de cibola y el ob[is]po S[eñor] Gouernador para q[ue] su ma[jestad]
y sus audiencias y virreyes con el se entienda q[ue] es cosa de verdad
mando q[ue] se leyese toda ella a algunos delos capitanes y soldados de
los que fueron con el d[ic]ho Sargento mayor q[ue] estauan presentes y que
a ellos Respondan y lo firmen de sus nonbres para lo q[ue] el d[ic]ho Señor
Gouernador tomo y rresciuio juramento a todos los susod[ic]hos p[o]r dios y
una cruz en forma de d[e]r[ech]o y lo hicieron y prometieron de dezir berdad los q[ue] eran estos Vicente de caldibar mendoca Sargento
mayor y el proueedor y capitan diego de cuñia el cap[ita]n Pablo de
aguilar y noxossa El capitan marcelo de espinossa El Alf[ere]z domingos
de licama marcos cortes y Ju[an] de pedraca A[lons]o Sanchez hernando
y nossos esteuan de sossa Ju[an] de salas diego Noble
y diego de ayarde a todos los q[ua]les yo el secret[ari]o ynfras[cri]pto les
ley como dizen la d[ic]ha relacion de berbo ad berbum una y mas y
con firmes Respondieron y dixieron q[ue] todo lo cont[eni]do en ella es cierto y
berdadero y lo q[ue] passo en su presencia del d[ic]ho viaje delos bacas y
de cargo del d[ic]ho juramento q[ue] todos hicieron y se Retificaron en ello
siendoles leydo y lo firmaron de sus nonbres los q[ue] supieron q[ue] fueron
los q[ue] aqui parecieren sus firmas de todo lo q[ue] yo el d[ic]ho secretario
doy fee q[ue] passo en mi presencia siendo t[estig]os El font[anero] della R[ea]l hacienda
y Ju[an] ortis y Ju[an] velazques de sauanillas y otras personas Don Ju[an]
de oñate Vicente de caldibar mendoca diego de cuñia pablo de aguilar
y noxossa marcelo de espinossa domingos de licama Al[ons]o Sanchez
esteuan de sossa Ju[an] de pedraca diego Nobleto Ju[an] de salas antoni
ju[an] gutierres barranegra secretario y yo el d[ic]ho Ju[an] gutierres bocanegra capitan p[o]r el R[egi]mi[en]to s[eñ]or y secret[ari]o de gouernacion de
la nueua mex[ic]o y de sus Reynos y prouincias al presente fuy
a lo q[ue] d[ic]ho es juntamente con el d[ic]ho Señor Gouernador q[ue] aqui firmo
su nonbre y de su mandam[ien]to hice sacar q[ue] es trelado el q[ue] es a cierto
y verdadero corre[gi]do con el original q[ue] queda en mi p[o]der por el q[ue]
lo firme Don Ju[an] de oñate Ju[an] gutierres de barranegra Secretario
92

presento esta rrelaçion de la jornada que hizo por mandado de su

señoria a las bacas de Çibola y el dicho señor gouernador para que a su magestad

y a sus audiençias y virreyes conste y se entienda que es con toda berdad

mando que se leyese toda ella a algunos de los capitanes y soldados de

5   los que fueron con el dicho sargento mayor que estauan presentes y que

a ello rrespondan y lo firmen de sus nonbres para lo qual el dicho señor

gouernador tomo y rresçiuio juramento a todos los susodichos por dios y

vna cruz en forma de derecho y lo hiçieron y prometieron de deçir ber-

dad los quales fueron el dicho Viçente de Çaldibar Mendoça sargento

10   mayor y el proueedor y capitan Diego de Çubia el capitan Pablo de

Aguilar Ynoxossa el capitan Marcelo de Espinossa el alferez Domingo

de Liçama Marco Cortes y Juan de Pedraça Alonso Sanchez Hernando

Ynojos Esteuan de Sosa Juan de Olague Juan de Salas Diego Robles

y Diego de Ayarde a todos los quales yo el secretario ynfraescripto les

15   ley como dicho es la dicha rrelaçion de berbo ad berbun vna y mas y

conformes rrespondieron y dixieron que todo lo contenido en ella es çierto

y berdadero y lo que passo en su presençia en el dicho viaje de las bacas y

so cargo del dicho juramento que todos hiçieron y se rretificaron en ello

siendoles leydo y lo firmaron de sus nonbres los que supieron que fueron

20   los que aqui pareçieren sus firmas de todo lo qual yo el dicho secretario

doy fee que paso en mi presençia siendo testigos el contador de la rreal haçienda

y Juan Ortiz y Juan Velazquez de Cauanillas y otras personas don Juan

de Oñate Viçente de Çaldibar Mendoça Diego de Çubia Pablo de Aguilar

Ynojossa Marcelo de Espinossa Domingo de Liçama Alonso Sanchez

25   Esteban De Sosa Juan de Pedraça Diego Robledo Juan de Salas ante mi

Juan Gutierrez Bocanegra secretario e yo el dicho Juan Gutierrez Boca-

negra capitan por el rrey nuestro señor y secretario de gouernaçion de

la Nueba Mexico y de sus rreynos y prouinçias presente fuy

a lo que dicho es juntamente con el dicho señor gouernador que aqui firmo

30   su nonbre y de su mandamiento hiçe sacar este treslado el qual va çierto

y verdadera corregido con el oreginal que queda en mi poder y en testimonio

lo firme don Juan de Oñate Juan Gutierrez de Bocanegra secretario

Treslado de algunas Relaciones q̃ El Gobernador Don Ju° de oñate ynbio
al virrey Conde de monterrey de alguna jornadas de descubrimientos y en haze
q̃ se hicieron en los Reynos y provincias de la nueva mexico ———

Comen ço de aud̃- Salieron del Real El sargento mayor vicente de çaldivar mendoça y el
ientos de la plaça proveedor General diego de auila llevar en aguilar y otros capitanes y soldados
çiuola ——— hasta numero de sesenta muy bien armados de muchas manadas de yeguas y otros
pertrechos para la baqueria a quinçe de septiembre y llegaron a los pozos a diez
y ocho de dḡ salieron a veynte dexando alli por pa°do de aquella provincia
al p° fray fran°° de sant miguel de la orden de señor sant fran°° y a un Juan
de dios unado naguatato de aquella lengua q̃ es la q̃ llamo cuexço ō q̃ prouia
de pamies de donde fueron Don Pedro oroz yndio de esta tierra q̃ murio en
Tlanepantla en astor y Doctrina de los padres de sant fran°° y despues de an
dado quatro leguas llegaron al paraje de las ciruelas donde ay grandisima
suma dellas de castilla ciruela almoraci de la de cordoua y otro dia anduvieron
otras çinco leguas y a las tres ay agua aunq̃ durmieron en ella y otro dia
anduvieron dos leguas aun lagunilla pequeña de poca agua mas de gran
disima suma de pescado bagre sardina camaron y matalote donde con
solo anzuelos se pescaron en aquella noche quinientos bagres y otro dia
muchos mas en aquel paraje se salieron quatro yndios baqueros hicie
ron les señas de comer y rescates llevaron se uno dellos y como muchas vezes
a muchos yndios que se hacian se hician y vinieron todos a donde que se hacian los
españoles es Gente de muchas fuerças lindos flecheros disoles el sargento
mayor a todos rescates y aplaçiolos y pidioles una Guia para las vacas
la q̃ le dieron y muy bien a paña y otro dia caminaron seis leguas y
fueron a una agua corrediça alli salieron de una sierra Tres yndios
y preguntandoles por su ranchería dixeron q̃ estaua en a legua de alli
y que estauan muy alborotados de berlos yr por aquella tierra y por q̃
no se alborotasen mas yendo mucha gente fue el sargento mayor con
solos un compañeros a su ranchería diciendoles a los yndios por me
dio del ynterprete y Lengua q̃ llevaba llamado Jusepe yndio de los q̃
truxeron humaña y leyba y que fueron con ellos hasta un Rio grandisimo

Treslado de algunas rrelaçiones que el gobernador don Juan de Oñate ynbio
al virrey conde de Monterrey de algunas jornadas y descubrimientos y ensayes
que se hiçieron en los rreynos y prouinçias de la Nueua Mexico
{margin} Relacion del descubri- | miento de las vacas | [d]e Çiuola
Salieron del rreal el sargento mayor Viçente de Çaldiuar Mendoça y el
5   proueedor general Diego de Çubia el capitan Aguilar y otros capitanes y soldados
hasta numero de sesenta muy bien abiados de muchas manadas de yeguas y otros
pertrechos para la baqueria a quinçe de septiembre y llegaron a los Pecos a diez
y ocho de do salieron a veynte dexando alli por perlado de aquella prouinçia
al padre fray Francisco de Sant Miguel de la horden del señor sant Francisco y a Juan
10   de Dios donado naguatato de aquella lengua que es la que llamo Expejo la prouincia
de Tamos de donde fue vn don Pedro Oroz yndio de esta tierra que murio en
Tlanepantla en poder y doctrina de los padres de sant Francisco y despues de andadas quatro leguas llegaron al paraje de las çiruelas donde ay grandisima
suma dellas de Castilla çiruela almonaçi de la de Cordoua otro dia andubieron
15   otras çinco leguas y a las tres ay agua aunque durmieron sin ella otro dia
andubieron dos leguas a un rriachuelo pequeño de poca agua mas de grandi-
disima suma de pescado bagre sardina camaron y matalote donde con
solo ançuelo se pescaron en aquella noche quinientos bagres y otro dia
muchos mas en aquel paraje le salieron quatro yndios baqueros hiçie-
20   ronles dar de comer y rrescates leuantose vno dellos y dio muchas vozes
a muchos yndios que estauan escondidos y binieron todos adonde estauan los
españoles es gente de muchas fuerças lindos flecheros dioles el sargento
mayor a todos rrescates y apaçiguolos y pidioles vna guia para las vacas
la qual le dieron de muy buena gana otro dia caminaron seis leguas y
25   fueron a vna agua llouediza alli salieron de vna sierra tres yndios
y preguntandoles por su rrancheria dixieron que estaua vna legua de alli
y que estauan muy alborotados de bernos yr por aquella tierra y porque
no se alborotasen mas yendo mucha tente fue el sargento mayor con
solo vn conpañero a su rrancheria diçiendoles a los tres yndios por me-
30   dio de vn ynterpete y lengua que lleuaba llamado Jusepillo yndio de los que
truxeron Humayna y Leyba y que fueron con ellos hasta vn rrio grandisimo

la de riota del oriente hacia la florida que podes entendemos ser el a ramal
deldelas Magdalena que entra en la dha florida y sera aquella la via
que trajeron durante el sauca de blaca y el rio ppo que della salieron a la
tierra y a las Rancherias y tierras dellos para ra hazer q fuesen
descansse y sossegassen la gente q el solo queria yr a berlos y ser su amigo
y como tres quartos de legua apartado del su real le fueron saliendo de
quatro en quatro y de seis en seis gran suma de gente pidiendoles su amistad
y el modo que tienen para pedirla es q estiende la palma de la mano de
recha hacia el sol y luego la buelta a la persona en quien quieren amis
tad doles assimismo pescados y importunaronle mucho llegose a su
Ranchería y aun q era cerca de la poblacion huuo de yr porquenos el par
ciesse quelos dexaua por miedo estos alli y estuuo con ellos en gran amis
tad y boluio muy noche a su real y otro dia yendo marchando le salieron
muchas yndios y yndias con pinole ellos andan los mas desnudos algunos
cubiertos con pellejos de cibola y algunas Mantas y ellas con unos
como Sayones de gamuza y sus çapatos y boenes a su modo dieles algunos rres
cates y dixoles por medio del ynterprete q el señor gobernador Don Juan
de oñate les ynbiaua a q supiessen que hauia de fauorecer a los q fuesen
leales a su Mag y castigar a los q no lo fuesen quedaron todos de paz
y muy contentos pidieronle ayuda q fuesen a los Ximanas q ellos
llaman al nacion de yndios Rayados al modo delos chichimecos pro
metioles el dho Sargento mayor de procurar q todos vibiesen paz por
q a este fin hauia benido a su tierra y desde allí se partio de allí y caminó
otros tres dias dies leguas y al fin dellas dio el primer toro de cibola q
como los viejos andaua apartado y cansados y así les hicieron grandes
Regozijos y fueron q todo lindo picar por q el menos de la conp
no se contentaua con diez mill Reses y esto fue dende luego que se bieron
en estas las guenillas mas de trecientas bacas y en los otros tres dias se an
duuieron como siete leguas y toparon como hasta quatro mill Reses
y en aquel parage se halló muy buena comodidad para hazer corral
con sus mangas y dando se horden en hacerlo se retiro el ganado mas de
pocas leguas la tierra adentro visto esto el Sargento mayor dendes de su

96

la derrota al oriente haçia la Florida q*ue* todos entendemos ser el afamado

rrio de la Magdalena q*ue* entra en la d*ic*ha Florida y ser aquella la via

q*ue* traxeron Dorantes Caueça de Vaca y el negro q*ue* della salieron a esta

tierra y a las rrancherias y sierras de los patarabueyes q*ue* fuesen

5   delante y sosegasen la gente q*ue* el solo queria yr a berlos y ser su amigo

y como tres quartos de legua apartado de su rreal le fueron saliendo de

quatro en quatro y de seis en seis grandisima suma de gente pidiendoles su amistad

y el modo que tienen para pedirla es estender la palma de la mano de-

recha haçia el sol y luego boluerla a la persona con quien quieren amis-

10   tad dioles asimismo rrescates e ynportunaronle mucho llegase a su

rrancheria y aunq*ue* hera çerca de la oraçion hubo de yr porque no les pares-

çiese que lo dexaua por miedo llego alli y estubo con ellos en gran amis-

tad y boluio muy noche a su rreal y otro dia yendo marchando le salieron

muchos yndios e yndias con pinoli ellos andan los mas desnudos algunos

15   cubiertos con pellejos de Çiuola y algunas mantas y ellas con vnos

como calçones de gamuza y sus çapatos o botines a su modo dioles algunos rres-

cates y dixoles por medio del ynterpete que el señor gobernador don Juan

de Oñate le ynbiaua a q*ue* supiesen que hauia de fauoreçer a los q*ue* fuesen

leales a su mag*es*t*a*d y castigar a los que no lo fuesen quedaron todos de paz

20   y muy contentos pideronle ayuda p*ar*a contra los xumanas q*ue* ellos

llaman a vna naçion de yndios rrayados al modo de los chichimecos pro-

metioles el d*ic*ho sargento mayor de procurar q*ue* todos tubiesen paz por

q*ue* a este fin hauia benido a su tierra y despedidos se partio de alli y camino

otros tres dias diez leguas y al fin dellas bio el primer toro de Çiuola q*ue*

25   como algo viejo andaua apartado y corria poco y asi se hiçieron grandes

rregoçijos y fueron p*ar*a todos lindo picon porq*ue* el menor de la conp*añ*ia

no se contentaua con diez mill rreses de solo su rrodeo luego se vieron

en vnas lagunillas mas de treçientas bacas y en otros tres dias se an-

dubieron como siete leguas y toparon como hasta quatro mill rreses

30   y en aquel paraje se hallo muy buena comodidad para hazer corral

con sus mangas y dandose horden en haçerlo se rretiro el ganado mas de

ocho leguas la tierra adentro visto esto el sartento mayor con diez de sus

97

Soldados se adelanto a vn rrio que hauia seis leguas de alli. y viendo
hacia la Prouincia dellos yquries y tierra neuada que en ellos esta. de lo
hauiendo la qual hauia muchissimos ganados y llegado al rrio el ganado
se hauia Retirado Respeto de hauer Pasado entonces muchos yndios va
quieros que venian a contratar en los yquies y Paos pueblos y pueblos
que tienen los Mexicos a los quales venden carne saluos manteca sebo y sal
a trueco de mantas algodon loza y mayz y algunos chalchiguitillos
verdes de Chuissan durmio en aquel sitio y otro dia boluiendo hacia su
Real era tanto vna Ranchería en que hauia cinquenta tiendas de cueros
adobados estremadissimamente colorados y blancos la forma de pauellon
Redondas con sus botones y portanuelas tan curiossos como en ytalia y
tan grandes que en las mayores y ordinarias auia quatro colchones y camas
distintas muy holgadamente y el adobo tan lindo que aun que llueua o cante aro
no las pasa ni se endurece el cuero antes en secandose queda tan blando
y tratable como antes que por ser esta marauillossa quiso hazer la experien
cia y cortando vn pedaço de cuero de vna tienda se hecho en el rremojo y
quiso asecar al sol y quedo de la mesma manera tratable que si no se huuiera
mojado Rescato vna vdos sargento mayor y la traxo a este Real y por
ser tan grande como dho es no se llauan mas de los tarcolas y que cada carga
los palos con que la arman y vna mochila de carne y suspenden y mayz
hueso los pelillos medio la sanado los dhos yndios que le siruen de mula
y hasta na gran Recua de ellos cinchados por los pechuelos y ancas ella
y cuesta arrobas de peso por lo menos caminando mismo que su amo
y es cossa de ver y mucha cosa rreyr verlos yr las puntas de ellos por arras
trando y casi hasta ellos matadillos en los encuentros vnos tras pibos
haciendo su jornada y que da harserlos que agen los yndios la cabeza
entre las piernas y asi los hazen perder casi la fuerça que es cada vez
el menester por que andando andadora como si estuuieran enseñados
en sueltas vueltos al Real por aron aquel dia y otro por serdia del
señor san fran y a anos de octubre caminaron por llegar al paso del
ganado y entre dias anduuieron catorze leguas donde hallaron y mata
ron mucha suma de Vacas y otro dia pasaron tres leguas mas adelante

soldados se adelanto a vn rrio q*ue* estaua seis leguas de alli y viene de

hacia la prouinçia de los picuries y sierra neuada q*ue* en ellos esta ado le

hauia d*ic*ho la guia hauia muchissimo ganado y llegado al rrio el ganado

se hauia rretirado rrespecto de hauer pasado entonçes muchos yndios ba-

5   queros q*ue* venian de contratar con los picuries y taos pueblos populossos

deste Nuebo Mexico a los quales benden carne cueros manteca sebo y sal

a trueco de mantas algodon loza y mayz y algunos chalchiquitillos

verdes de q*ue* hussan durmio en aquel rrio y otro dia boluiendo haçia su

rreal encontro vna rrancheria en q*ue* hauia çincuenta tiendas de cueros

10   adobados estremadissimamente colorados y blancos la forma de pauellon

rredondas con sus botones y portañuelas tan curiossos como en Ytalia y

tan grandes q*ue* en las muy hordinarias cauian quatro colchones y camas

distintas muy hogadamente y el adouo tan lindo q*ue* aunq*ue* llueba a cantaros

no las pasa ni se endureçe el cuero antes en secandose queda tan blando

15   y tratable como antes que por ser cossa marauillossa quiso hazer la experien-

çia y cortando vn pedaço de cuero de vna tienda se hecho en rremojo y

puso a secar al sol y quedo de la misma manera tratable q*ue* si no se hubiera

mojado rrescato vna el d*ic*ho sargento mayor y la traxo a este rreal y con

ser tan grande como dicho es no pesaua mas de dos arrobas y p*ara* esta carga y

20   los palos con que la arman y vna mochila de carne y su pinole o mayz

husan vn perrillo mediado lanudo los dichos yndios que les sirue de mula

y va vna gran rrequa dellos çinchados por los pechuelos y anquillas

y con quatro arrobas de pesso por lo menos camina lo mismo que su amo

y es cossa de ver y mucho p*ara* rreyr berlos yr las puntas de los palos arras-

25   trando y cassi todos ellos matadillos en los encuentros vnos tras otros

haçiendo su jornada y q*ue* para cargarlos les cojen las yndias la cabeza

entre las piernas y asi los cargan o endereçan la carga que pocas vezes

es menester porq*ue* andan de andadura como si estubieran enseñados

con sueltas bueltos al rreal olgaron aquel dia y otro por ser dia del

30   señor sant Francisco y a çinco de octubre caminaron por llegar al golpe del

ganado y en tres dias andubieron catorze leguas donde hallaron y mata-

ron mucha suma de vacas y otro dia pasaron tres leguas mas adelante estando buena comodidad y apareço sa corral y hallandola de vn

espaçion al bajer de grandes troços de alamos y tardaron tres dia

en que se acauaron tan grande y eran tan larças mangas q penfaron

cerraron diez mille Reses por q aquellos dias eran tantas y andauan

5   tan cerca delas tiendas y apartada que es o y q quando corren par

tan Mansas y quando salte los tuuieron por muy cierta agriessa por

q afirmaban q en solo aquel paraje hauiamos q entre es q banca

delos mas quel otros dela nueua espana los que han bito lo vio lo

otro heço el corral salieron otro dia a vna llanada donde la tarde

10 antes se hauian bitto comos cient mille Reses y dandoles la abentada

enpeço a salir el ganado muy bien hacia el corral y aqui los Rat Reboluio

con gran furia hacia do benialagente y Rompio por todaella

con gran afinado fin que fuese posible Resistirlos por q q ganado

delmas terrible teson y coraje que se puede carecer y tan matero

15 q hicieron troços el corre y fi se paran toben poco a poco se para y se

Rebuelcan comos ti fueran muelas y en q le alento tornade nueuo

a fu carrera dentaronse mille modos en algunos dias q a encerrarlo

lo para hazer Rodeos del y por ningu via q fue posible y ues dechantar

por q q tan notable mente cimarron y feroz tanto q nos mato tres

20 Cauallos y nos hirio quarenta muy mal por que tiene las astas

muy agudas y medianas comos de a palmos y medio y Retorcidas vna

contra otra a lo Alto y hieren de lado y bajando muy a la caueça y

manera q lo que coje Raspa muy bien con todo efso se mataron ellos y

se hicieron de ochenta arrobas q a arriba de manteca q excede

25 en riqueza y bondad a la del puerco con muchas Ventajas y la carne de

toro a la de nuestra baca y la de la baca y nuela con nuestra muy tierna

ternera o carnero

Visto pues q el ganado mayor nose podia traer en pie dio el far sonte

mayor en hazer coger ternoras y enperaronse de Manera que se

30 muchas que se trayan vna tras la criada y otros sobre los cauallos vinos

llego vna legua a fu Real q todos se murieron dentro de vna fora poco

mas y afi se cree q si nos fueran tan criados y a la querencia de tira

buscando buena comodidad y aparejo para corral y hallandola le en-

peçaron a hazer de grandes trozos de alamos y tardaron tres dias

en que le acauaron tan grande y con tan largas mangas que pensaron

ençerrar diez mill rreses porque aquellos dias bian tantas y andaban

5   tan çerca de las tiendas y cauallada que con esto y que quando corren parece

ban maneadas y dando saltillos tubieron por muy çierta la pressa por-

que afirmaban que en solo aquel paraje hauia mas que en tres estançias

de las mas populossas de la Nueba España los que han visto lo vno y lo

otro hecho el corral salieron otro dia a vna llanada donde la tarde

10   antes se hauian visto como çient mill rreses y dandoles la abentada

enpezo a salir el ganado muy bien haçia el corral y a poco rrato rrebol-

uio con gran furia haçia do benia la gente y rronpio por toda ella

con yr bien apiñados sin que fuese posible rresistirlos porque es ganado

del mas terrible teson y coraje que se puede encareçer y tan matrero

15   que si corren tras el corre y si se paran o ban poco a poco se para y se

rrebuelcan como si fueran mulas y con este aliento torna de nuebo

a su carrera tentaronse mill modos en algunos dias para ençerrarlo

o para hazer rrodeo del y por ninguna via fue posible y no es de espantar

porque esta notablemente çimarron y feroz tanto que nos mato tres

20   cauallos y nos hirio quarenta muy mal porque tiene las aspas

muy agudas y medianas como de a palmo y medio y rretorçidas vna

contra otra a lo alto y hiere de lado y bajando mucho la caueça de

manera que lo que coje rrasga muy bien con todo esso se mato dello y

se hiçieron de ochenta arrobas para arriba de manteca que exçede

25   sin ninguna dubda a la del puerco con muchas ventajas y la carne del

toro a la de nuestra baca y la de la baca yguala con nuestra muy tierna

ternera o carnero

¶ Visto pues que el ganado mayor no se podia traer en pie dio el sargento

mayor en hazer coger terneras y enperraronse de manera que de

30   muchas que se trayan vnas rrabiatadas otras sobre los cauallos ninguna

llego vna legua a su rreal que todas se murieron dentro de vna otra poco

mas y asi se cree que si no son rreçien naçidas y a la querençia de nuestras

Vacas o cabras no se podian traer hasta que el ganado amanse
mas dellos que esta cuya hechura y firma es tan marauillossa y de
Reyr o espantarse que el que mas leyes sobre mas desea berlo y
ninguno era tan melancolico que siendo lee sobre el dia no se ria

5 muy de gana otras tantas se admire de Ver animal tan fiero
cuyos cuernos son negros del amaño grandes de una tercia que
parecen de bufalo los ojos pequeños Rostro y ocico y pies y una de
la misma forma de nuestras bacas saluo que es muy barbado el toro y
la baca como cabrones llenos de tantas lanas que las cubren por

10 detras y el copete casi todos los cuernos llegales que la lana larga y muy
tratable y blanda hasta casi el medio cuerpo y de alli alla es el
pelo mas pequeño sobre las agujas tienen tanta y sube tanto el
lomo que parecen corcobados aun que en Realidad de berdad no
lo son muertos por que sacados los cueros dellos quita la corcoba muy

15 facil mente son mayores en comun que nuestro ganado la cola lla
de la misma manera que los puercos en escas cerdillas el sabor muy corta
y que la retuerce arriua quando corren las Rodillas tienen una na
turales cepa van las de pelo muy largo delas ancas que son como de mula
sin derrengado y caxcorbos vañ tienen de la llanura de ça afaltos y

20 mucho en escasquias letra abajo sin olor de una color negros a eso teñ
nados y en parte de tinto cexclo que es su firma que la bista es parte
mas fiero que puede significar la pluma podrase Matar quanto
ganado quisieren traerse assas por lacones que estan de como treynta
o quarenta leguas muy dificultosa mente si han de venir bien que va el

25 tiempo y baquecallos de espacio no los amansa mas.

— Hallaronse en que el parage y camino algunos de los parages y de
midas que hicieron leyba y humana quando salieron desta tierra su
yendo dellagente que venia de la nueba españa a prenderlos.

— que las sobredichas vacas tienen sus querencias sobre el naci mi o
30 llanissimos que corren muchas aguas ver que despues que se quisi a uan
diossa mas a cerca unos de una forma y anduuieron treynta leguas
ontinuas. letras de y la finita ganado y tamaño se les hallo que ni vieron

vacas o cabras no se podran traer hasta q*ue* el ganado amanse

mas de lo q*ue* esta cuya hechura y forma es tan marauillossa y de

rreyr o espantarse q*ue* el que mas vezes lo vee mas dessea berlo y

ninguno sera tan melancolico q*ue* si çient vezes lo vee al dia no se rria

5   muy de gana otras tantas o se admire de ver animal tan fiero

cuyos cuernos son negros del tamaño ya d*ic*ho de vna terçia que

paresçen de bufallo los ojos pequeños rrostro y oçico y pies y vña de

la misma forma de nuestras bacas saluo q*ue* es muy barbado el toro y

la vaca como cabrones llenos de tantas lanas q*ue* les cubre los ojos

10   y cara y el copete casi todos los cuernos llegales esta lana larga y muy

tratable y blanda hasta casi el medio cuerpo y de alli alla es el

pelo mas pequeño sobre las agujas tienen tanta y sube tanto el

lomo que paresçen corcobados aunq*ue* en rrealidad de verdad no

lo son mucho porque estacados los cueros se les quita la corcoba muy

15   facilmente son mayores en comun q*ue* nuestro ganado la colilla

de la misma manera q*ue* vn puerco con pocas çerdillas al cauo muy corta

y q*ue* la rretuerçe arriua quando corren e*n* las rrodillas tienen vnas na-

turales ligabanbas de pelo muy largo de las ancas que con como de mula

son derrengados y cazcorbos y asi corren de la manera dicha a saltos y

20   mucho en espeçial cuesta abajo son todos de vna color negros algo leo-

nados y en parte rretinto el pelo esta es su forma q*ue* a la vista es arto

mas feroz que puede significar la pluma podrase matar quanto

ganado quisieren traerse a estas poblaçones q*ue* estan del como treynta

o quarenta leguas muy dificultosamente si ha de benir biuo si ya el

25   tiempo y baqueallos de espaçio no los amansa mas

¶ Hallaronse es este paraje y camino algunos de los parajes y dor-

midas que hiçieron Leyba y Humaña quando salieron desta tierra hu-

yendo de la gente q*ue* venia de la Nueua España a prenderlos

estas sobredichas vacas tienen sus querençias sobre vnas mesas

30   llanissimas que corren muchas leguas porq*ue* despues que se subio a ellas

subida muy pequeña como de vnas lomas se andubieron treynta leguas

continuas llenas de ynfinito ganado y jamas se les hallo cauo ni tienen

tierra ni arbol ni mata sobresi y estando enellas solamente
seguiaban porelsol y porelnorte como por lo mas alto dellas Un
rrio mediano que es cosa marauillosa Al parecer que es lagran lima
alto quensu nacimiento y parece que ansi sube que baxa tiene muy
pescado y llamaron alpie destas mesas enalgunas partes que hazen
cañadas ay gran cantidad desalinas con pozos(sabor) de agua que
salen dellas propias mesas y amediale gua aun cabo apartadas
dellas ay grandes alamedas los yndios de toda aquella tierra son
muchos biuen en Rancherias enlas sobredichas Tierras de cueros si
quieren siempre elganado y rras secoandan dan abrigados ensus
pauellones como en que lo quisieran lo pudieran estar y como comen carne
casi cruda ymucha manteca y sebo que les sirue como depan El tasaxo
en la una mano ylamanteca en la otra y lo cabe en lleuenella
criança lucios y fornidos y balientes de munición y pedernal arcos
aunquesos muy grande algunas flechas bieron con puntas largas
deguesso aun que pocas pues es mejor El Pedernal que a matar las baca
queno labara ymatan las del primer tiro enboscados en llamadas
hechas enlos abreuaderos con grandissima destreza Como alli lo bieron
todos los que fueron los quales y eldho sargento may tardaron
ensu biaxe cinquentay quatro dias y boluieron aeste Real aoy
denouiembre demiley quis ynouentay seis años adiosgracia
Enel pueblo de Sant Juan baptista a Veyntey tres dias del mes de
hibrero demiley quis(?) ynouentaynueue años ante Don Juan de Oñate
Gouernador capitan general y adelantado dela s prouincias y rrey
nos delnuebo mexico conquistador poblador y pacificador dellas por
El Rey nuestro señor etca Vicente de caldibar mendoca sargento
mayor capitan y caudillo dellas compañias delos dhos Reynos y exto
desu mag presento esta Relation dela Jornada que hizo por mandado
desu señoria alas Vacas deciuola y eldho señor gouernador que
la Justicia reales audiencias y Vireyes lo viese y lo entienda que en
toda Verdad y mando que lleyese todaella aalgunos delos capitanes y
soldados delos que fueron conel dho sargento may que estauan presentes

sierra ni arbol ni mata sobre si y estando en ellas solamente

se guiaban por el sol y por el norte corre por lo mas alto dellas vn

rrio mediano q*ue* es cossa marauillossa al paresçer q*ue* va por alli mas

alto q*ue* en su naçimiento y paresçe q*ue* antes sube que vaja tiene mucho

5 pescado y camaron al pie de estas mesas en algunas partes q*ue* hazen

cañadas ay gran cantidad de sauinas e ynfinitos ojos de agua q*ue*

salen de las propias mesas y a media legua a un lado apartadas

dellas ay grandes alamedas los yndios de toda aquella tierra son

muchos biuen en rrancherias en las sobred*ic*has tiendas de cueros si-

10 guen siempre el ganado y tras el se andan tan abrigados con sus

pauellones como en q*ua*lquier cassa lo pudieran estar y como comen carne

cassi cruda y mucha manteca y seuo q*ue* les sirue como de pan el tasajo

en la vna mano y la manteca en la otra y bocado en el y en ella

crianse luçios y fornidos y valientes su muniçion es pedernal arco

15 turquesco muy grande algunas flechas bieron con puntas largas

de guesso aunque pocas por ser mejor el pedernal para matar las vacas

q*ue* no la bara y matanlas del primer tiro enboscados en rramadas

hechas en los abreuaderos con grandissima destreza como alli lo bieron

todos los que fueron los quales y el d*ic*ho sargento mayor tardaron

20 en su viaje çinquenta y quatro dias y boluieron a este rreal a ocho

de nouiembre de mill y qui*nient*os y nouenta y ocho años a dios graçias

¶ En el pueblo de Sant Ju*an* Baptista a veynte y tres dias del mes de

hebrero de mill y qui*nient*os y nouenta y nueue años ante don Ju*an* de Oñate

gobernador y capitan general y adelantado de las prouinçias y rrey-

25 nos del Nuebo Mexico conquistador poblador y paçificador dellas por

el rrey nuestro señor e*tceter*a Viçente de Çaldibar Mendoça sargento

mayor capitan y cauo de las conpañias de los d*ic*hos rreynos y ex*erci*to

de su mag*esta*d presento esta rrelaçion de la jornada q*ue* hizo por mandado

de su señoria a las vacas de Çiuola y el d*ic*ho señor gouernador p*ara* que

30 a su mag*esta*d y a sus audiençias y virreyes conste y se entienda q*ue* es con

toda verdad mando q*ue* se leyese toda ella a algunos de los capitanes y

soldados de los que fueron con el d*ic*ho sargento mayor q*ue* estauan presentes

y hacello Respondan y lo firmen de sus nonbres q a los q leydo
senor Gobernador tomo y Rescivio juramento a poder cortes q̃s de sser
Dios y Una cruz en firma de derecho y lo hicieron y prometieron de
decir Verdad los quales fueron el d̃s Vicente de caldibar mendoça
sargentomayor y el proueedor y cap̃ an Diego decubia El cap̃ an pablo de aguilar
y noxossa El cap̃ an marcelo de espinossa El al̃s Rey domingo de licama
marcos cortes d̃ de Sepedraça alonso sanches hernando y nẽs de la
d̃ssa d̃ de Soquil d̃ de Salas diego Robles y diego de aguade andes
los quales yo el secret̃ io fa e scripto Al Rey como dir̃o dicha Rõn
de verbum ad verbum y tray mas y los firmes Respondieron y dixeron
que Pablo cont̃ do en ella chierto y Verdadero y lo que pasa en su presencia
en el d̃o estado de las Vacas y So cargo de el d̃s juramento q̃ lo dr̃ hicieron
y se Ratificaron en ello siendoles Leydo y lo firmaron de sus nonbres
lo que supieron q̃ fueron los q̃ aqui parecieron de sus firmas de las
el q̃ el yo el d̃s secret̃ io doy fee que paso en mi Presencia siend̃o tg̃os
el cont̃ or de la d̃a Real hacienda y Juan Ortiz y d̃s Velas q̃s d̃ Cauin
llas y otras personas Don d̃s Honate Vicente de caldibar mendoca
diego decubia pablo de aguilar y noxossa Marcelo de espinossa Domingo
de licama alonso sanches q̃ Juando d̃ssa d̃ de Sepedraça Diego Robles
d̃ de Salas antemi d̃s Gutierrez bocanegra secret̃ io — e yo el d̃s
d̃s Gutierrez bocanegra cap̃ por el Rey nr̃o tro senor y secretario de
Gobernacion de la nueba mex̃s y de sus Reynos y provincias presente
fuy a lo que d̃s se juntando con el d̃s senor Gobernador q aqui firmo de
su nonbre y de su mandanr̃ o hize sacar q̃ se trslado el q̃ es al vierto
y Verdadero ore s p̃o con el original q̃ queda en mi poder y en q̃ Ho m̃o
de Verdad lo firme — d̃s Gutierrez bocanegra secretario —

y que a ello rrespondan y lo firmen de sus nonbres para lo qual el dicho

señor gobernador tomo y rresçiuio juramento a todos los susodichos por

dios y vna cruz en forma de derecho y lo hiçieron y prometieron de

deçir verdad los quales fueron el dicho Viçente de Çaldibar Mendoça

5　　sargento mayor y el proueedor y capitan Diego de Çubia el capitan Pablo de Aguilar

Ynojossa el capitan Marçelo de Espinossa el alferez Domingo de Liçama

Marcos Cortes Juan de Pedraça Alonso Sanchez Hernando Ynojos Esteban

de Sosa Juan de Olague Juan de Salas Diego Robledo y Diego de Ayarde a todos

los quales yo el secretario ynfraescripto les ley como dicho es la dicha rrelacion

10　　de berbun ad berbun y vna y mas y conformes rrespondieron y dixieron

que todo lo contenido en ella es çierto y verdadero y lo que paso en su presençia

en el dicho viaje de las vacas y so cargo del dicho juramento que todos hiçieron

y se rratificaron en ello siendoles leydo y lo firmaron de sus nombres

lo que supieron que fueron los que aqui pareçieren sus firmas de todo

15　　lo qual yo el dicho secretario doy fee que paso en mi presençia siendo testigos

el contador de la rreal haçienda y Juan Ortiz y Juan Velazquez de Cauani-

llas y otras personas don Juan de Oñate Viçente de Çaldibar Mendoça

Diego de Çubia Pablo de Aguilar Ynojossa Marçelo de Espinosa Domingo

de Liçama Alonso Sanchez Esteuan de Sosa Juan de Pedraça Diego Robledo

20　　Juan de Salas ante mi Juan Gutierrez Bocanegra secretario e yo el dicho

Juan Gutierrez Bocanegra capitan por el rrey nuestro señor y secretario de

gobernaçion de la Nueba Mexico y de sus rreynos y prouinçias presente

fuy a lo que dicho es juntamente con el dicho señor gobernador que aqui firmo de

su nombre y de su mandamiento hize sacar este treslado el qual va çierto

25　　y verdadero corregido con el oreginal que queda en mi poder y en testimonio

de verdad lo firme Juan Gutierrez Bocanegra secretario

RELACION
DEL
DESCRVBIMIENTO
DEL NVOVO MEXICO:

Y de otras muchas Prouincias, y Ciudades,
halladas de nueuo; Venida de las Indias,
à España, y de alli mandada à Roma

A IO. DE MONTOYA
Cantabro, Decano en Santiago
delos Españoles de Roma.

Con Licencia delos Superiores.

EN ROMA, Per Bartholame Bonfadino, 1602.

2 2

RELACION, DELA

Iornada delas Vaccas de Erbela
que hizo el Sargento Mayor
à 15.de Septiembre,del año
de mill y quinientos
y ochenta y
ocho.

Alieron del Real, el Sargento Mayor Vicente de Zal-
diuar, Mendoça,y el Proueedor general, y Diego de
Valdibias, y el Capitan A-
guilar, y otros Capitanes, y
Soldados hasta numero de 600. muy bien
apercebidos de muchas manadas de yeguas
y otros pertrechos, para la Vaqueria.
A 15.de de Septiembre;y llegaron à los Pecos. De do salieron a los 20. dexando alli
por Perlado de aquella Prouincia al Padre
Francisco de San Miguel, dela Orden de
San Francisco, y à Iuan de Dios Donado,
entendido en aquella lengua. Y despues de
que

23

auer endado quatro leguas, llegaron al pa-
faje dela ribera donde ay grandiffima fuma
dellas. Adelante à otras dos leguas fe hal-
lò agua; aun que domieron fin ella. Otro
dia andubieron dos leguas, llegando à vn
rio pequeño de poca agua, y de gran fuma
de pefcado, Voga, Sardina, Camaron, y Ma-
taloto. Donde con folo vn anzuelo fe pe-
fcaron aquella noche, y otro dia gran cantidad. En aquel paraje falieron quatro Indios Vaqueros, dieronles bien de comer, y
refcates; leuantofe vno dellos y dio grandes
bozes à muchos Indios, que eftauan es con-
didos, y vinieron todos, à donde eftauan
los Efpañoles. Es gente de mucha fuerça,
y lindos flecheros, Dioles el Sargento Mayor a todos refcate, y apaziguolos, y pidio-
los vna guia para las Vaccas, laqual le dieron de buena gana. Otro dia caminaron
feys leguas, y fueron à vna aguallouediza,
alli falieron de vna fierra tres Indios, y preguntandoles por fu Rangeria, dixeron que
eftaua vna llegua de alli. Y que eftauan
muy alborotados de Verros, por a quella
tierra. Y para que nofe al terafsen mas,
y endo mucha gente, fue el Sargento Ma-

B 4   yor

yor con folo vn Compañero, à fu Rancheria, diziendo alos tres Indios por lengua,
de vn Interprete à loque yuan.

Llegamos à vn rio grandiffimo, que viene del Oriente hazia la Florida; que todos
entendimos feer el famofo rio dela Mad-
dalena que entra en la dicha Florida, i
Tienen aquellos Indios eftemodo para pe-
dir, extienden la mano y palma dela mano
derecha hazia el Sol, y luego boluerla ala
perfona con quien quieren amiftad, y affi
les dio el refcate el Sargento, y le importu-
naron que fe fueffe à fu Rancheria, y aun
que era cerca dela Oracion hnuo de yr por
que noles parefciefe que lo dexaua de
miedo, Lllego alla, y eftubo con los Indios en gran amiftad. Y boluio muy noche
à fu Real. Y otro dia yendo marchando, le
falieron muchos Indios hè Indias, los quales andan los mas des nudos, y algunos
cubiertos con pellejos, y algunas mantas,
y ellas con vnos como Calçones de Ca-
muça, y fus çapatos, y botines afu modo.

Diolos algunos refcates, y dixoles por
medio del Interprete, que el Señor Gouernador

nador Don Iuan de Oñate, le embiaua ha
que fupiefsen que hauia de fauores cerles
Y que fuefsen le ales à fu Mageftad, y cafti-
garia à los que nolo fueffen. Que daron todos contentos, y en paz. Y pidieron le ayuda
contro los Xumanos, nafcion de Indios raya
dos al modo delos Chimeros. Prometien-
doles el Sargento Mayor paz, y procuran-
do que todos la tubiefsen, porque à efte
fin auia venido à fu tierra. Y defpedidos fe
partio de alli, y caminaron en otros tres
dias diez leguas. Y fe vieron en vnas la-
gunas mas de 300. Vaccas. Y en otros tres
dias anduuieron otras fiete leguas, y toparon con quattro mjll Refes, y en aquel paraje, fe halla muy buena commodidad pa
hazer corral, y dando le para hazerlo, fe
retiro el ganado mas de ocho leguas la tierra à delante.

El Sargento Mayor con diez Soldados fe
à delanto à vn rio que eftaua feis leguas de
alli; y vinieron de hazia la Prouincia de los
Picures, y fierra ucuada, que en ellas efta,
adonde le auian dicho la guia, grande fuma
de ganado, y llegado al rio fe aua retirado el ganado, refpecto de auer paffado
muchos

26

muchos Indios entonçes Vaqueros que venian de contar con los Pecures, y otros
pueblos populofos defte nueuo Mexico,
alos quales venden carne cueros, febo, man
teca, algodon, y mayz. Durmio en aquella tierra, y otro dia boluiendo hazia fu
real, encontro vna Rancheria enque hauia
quinien tas tiendas de cueros adobados
eftremadiffimamente, colorados, y blancos.
La forma es como de pabellon redonda,
y con fus botones, y pertanulas como fe
hazen en Italia, curiofamente, y fon tan
grandes, que en los muy ordinarios cabian
quatro colchones muy olgada mente, y el
adobo tan lindo, que aunque llueua à cantaros, no les paffarà, nife endurece el cuero.
antes enfecandofe. Que dan tan blancos
y tractables como antes, que porfer cofa
tan marauillofa quifo hazer la efperiencia.
Y cortando vn pedazo de cuero de vna tien
da, le echo en remojo, y fe pufo à fecar al
Sol, y fe torno de la mefma manera tracta-
ble, como fino fe huuiera mojado. Refca-
to vna el dicho Sargento Mayor, y laeraxo
entera, y con fer tan grande como dicho
es, no peffaua mas de dos arrobas, y para
esta

27

efta carga, y los palos en que la arman, v-
fan de vnos perillos lanudos medianos los
dichos Indios, y les feruen de mulas, y fue-
le leuar vna gran recua dellos, Cinchados
por los pechos, y anquillas, y con quatro
arrobas de peffo. Por lo menos, y es mucho
de reyr, verlos con las puntas de los palos
arraftrando, y affi todos ellos matadillos,
en los enquentos, vnos tras otros haziendo
fu jornada, y para cargarles le cogen las
cabeça en tre las piernas, y afi los cargan, y enderezan la carga, que pocas vezes es menefter allegar mas aellos, porque
andan de andadura como fi eftobieffen en-
feñados confueltas.

Bueltos al Real olgaron aquel dia, y el
otro por fer dia de San Francifco, à cinco
de Octubre, caminaron para llegar al golpe del ganado, y en tres dias andubieron
catorçe leguas, donde hallaron, y mataron, mucha fumma de Vaccas, y otro dia
paffaron tres leguas mas adelante bufcan-
do buena commodidad y aparejo, para corral, y hallandole, lo empecaron ha hazer,
de grandes troncos de ala mos, y tardaron
tres dias, en acabarlo, y con tan largas
man-

28

mangas, que penſauan ençerrar diez mill
Reſes; Porque aquellos dias vieron tantas
y andauan tan cerca delas tiendas, y ca-
ualgada, que con eſto, y quando corren,
pareſce que van mancas, y dando ſaltos,
tubieron por muy cierta la preſſa, por que
afirman que en ſolo aquel paraje auia mas,
que entres eſtancias junctas delas populo-
ſas dela nueua Eſpaña, los que han viſto
lo vno, y lo otro. Hecho el Corral ſalieron
otro dia à vna llanada, à donde la tarde de
antes ſe auian viſto como cient Reſes, y
dandoles leuandada, ſalio elganado vn poco hazia el corral; y apoco rato reboluio
con grande fuerça, haſta donde venia la
gente, y rompio vien por toda, por eſtar
apinados, ſin que fueſſe poſſible reſiſtirlos;
Porque es ganado del mas terrible teſon, y
corage, queſe puede en careſcer, y tan
mañero, que ſi el que los entre corre ſe para, van poco à poco, y ſe paran. Y ſe re-
bueluen como ſi fueſſen mulas, y con eſte
aliento tornan de nueuo à ſu carrera.
Tentaronſe mill modos en algunos dias,
para ence parlos, y para hazer rodeo del, y
por ninguna via fue poſible, y noes de
eſ

29

espantar , por que es tan notable , que
nos mato tres cauallos , y mas hirio quarenta muy mal. Porque tienen las haspas
muy agudas, y medianas, como de palmo y medio , y retorcidas vnas con otras.
Beuen de lado, y baxando mucho la cabeça. De manera que lo que coge rasga
muy bien; con todo eso semato mucho ganado, y se hizieron de ochenta arrobas arriba . De manera que escede, sin ninguna
duda ala del Puerco con mucha venta-
ja , y la carne de Toro, la de nuestra Vacca, y la dela Vacca es como de ternera,
muy tierna delas nuestras, y la ternera
de allà como muy buen carnero . Visto
pues, que el ganado mayor nose podia
traer en pie . El Sargento Mayor, dio
en hazer coger terneras. De manera que
de muchas que se trahian vnas bienata-
das, y otras en los cauallos nenguna llegò vna legua del Real, que todas se mu-
neron dentro de vna hora de corale, y ansi
se cree que sino rezien nacidas, y ala
querencia de nuestras Vaccas, no se podran traer, hasta quel ganado amanse
mas delo que está. Cu a forma, y hec
hura

50

hura es tan marauillofa, y de reyr, y
efpantarfe, que el que mas vezes lo vee
mes defiea verlo, y ninguno fera tan me-
lanconico, que fi cient vezes lo vea al dia
nofe ria, y muy de gana otras tantas, y fe
admire, de ver animal tan fiero, cuyos
cuernos fon negros del tamaño, ya de
vna Ternera.

Los ojos pequeños roftro, y oçico, fon
dela mefma fuerça de nueftras Vaccas,
falbo que es muy barbudo el Toro, y la
Vacca como cabron, llenos de tanta lana, que les cubre los ojos y cara, y el copete quaffi todos los cuernos. Llegales
efta lana blanda hafta quaffi el medio
cuerpo, y de alli paratras es el pelo mas
pequeño. Sobre el lomo tienen tanto,
y fube tanto que parefcen corcobados,
aun que en realidad de verdad no lo fon
mucho, porque tocado el cuero felefqui-
ta la corbadura muy facilmente. Son
mayores en commun que nueftro ganado, la colilla dela mefma manera que vn
Puerco, con pocas cerdas, alcabo muy
corta, y la retuercen arriba quando corren.

En

117

31

En las rodillas tienen vnas naturales
ligaganbas, de pelo muy largo, las ancas
fon como de mula, y fon derrangadas, y
hazen corbos, y afsi corren à faltos mucho, en efpecial quefta abaxo; fon todos
negros, y de vn color que tira à leonado,
y a partes retuerto el pelo. Efta es fu forma, que ala vifta tanto mas feroz, que
puede fignificar la pluma. Podrafe matar quanto ganado quifieren traer à eftas
poblaciones, que eftan del como treinta
ò quarenta leguas, Mas dificultofa mente
vienen filos Vaqueros nolas aman fan y
traen de efpacio. Hallaronfe enefte ca-
minos, algunos delos parajes y dormidas
que hazian leyba y Humaña, quando fa-
lierou defta tierra huyendo dela gente
que venia dela nueua Efpaña à prenderlos.

Eftas fobre dichas Vaccas tienen fus
paftos fobre vnas mefas llanas que corren muchas leguas, por que defpues que
fe fubio aollas vna fubida muy pequeña,
como de vnos lomos fe andubieron treinta leguas continuas de infinito ganado,
ni jamas fe les hallo cabo, ni tienen fierra,

Iii

32

ni arbol, ni mata fobrefi, y eftan do en
ellas folamente feguiauan por el Sol, y de
noche por el Norte. Corre por lo mas alto della vn rio mediano, que es cofa marauillofa al parefcer, que vapor alli mas
alto que en fu nafcimiento, parefce que
antes fube, que baxa. Tiene mucho pefcado y camaron, al pie delas mefas en algunas partes, que ay en'cañadas, fe halla
gran cantidad de Sardinas, hè infinitos
ojos de agua que falen delas proprias mefas, y media legua hà vn lado apartado
dellas ay grandes ala medas.

Los Indios de toda efta tierra, fon muchos, biuen en Rancherias con las fobre
dichas tiendas de cueros figuiendo fiempre el ganado, tras el fe andan tan abrigados con fus pabellones como en qualquiera cafa lo podrian eftar, y como comen carne quafi cruda, y mucha manteca, y febo, que les firue como de pan, el
tafajo en vna mano, y la manteca en otra
clada, dan bocados en lo vno y lo otro,
y affi andan lucios, fornidos, y valientes.

Sus municiones fon Pedernal Arco Tur
queſco

119

quefco, muy grande, Algunos Flecheros
fe vieron, con punctas largas de huello,
aunque es mejor el Pedernar para matar
las Vaccas , y matanlas del primer tiro,
embofcadas en entra madas en los abreuaderos , con gran deftreza , como lo vieron todos , y el dicho Sargento , y los que
fueron tardaron en fu Viage 54. dias , y
boluieron à efte Real à 8. de Nouiembre
de 1598. Años.
         A Dios gracias.

En el pueblo de San Io. Baptifta à 23.
dias del Mes de Hebrero de mill y quinientos y nouenta 9. Años , ante Don I-
uan de Oñate Gouernador , y Capitan General , y Adelantado delas Prouincias , y
Reynos del nueuo Mexico Conquiftador,
Poblador, y Pacificador de ellos por el Rey
nueftro Señor, &c.
     Y Vincente de Zaldibar , Mendoça Sar-
gento Mayor , Capitan , y Cabo delas com
pañias delos dichos Reynos , y Exercitos
de fu Mageftad , Prefentò la Relacion , que
hizo dela Iornada , por mandado de fu
         C   Se-

34

Senoria delas Vaccas de Erbela.

El dicho Gouernador, paraque su Magestad, y sus audiencias, y Virreys, entiendan, que el con toda verdad, mandò que se leyese.

Algunos Capitanes, y Soldados de los que se hallaron presentes, y estauan alli, y fueron con el dicho Sargento Mayor, Respondan, y lo firmen de sus nombres, Para loqual el dicho Señor Gouernador tomo Iuramento à todos los suso dicho por Dios, y por vna ✠ en forma de derecho.

Y prometieron de dezir verdad, los quales fueron el dicho Vicente de Zaldibar Mendoça, Sargento Mayor.

El Capitan Pablo de Aguilar, y Noxosa.

El Capitan Marcos de Espinosa.

El Alferez Domingo de Lezama.

Y Marcos Cortes.

Y Iuan de Pedrosa.

Alonso Sanchez.

Hernando de Inojosa.

Iuan de Sosa.

Iuan

35

Iuan de Anguirre
Iuan de Salas.
Sobredo.
Diego de Ayadre.

5   A todos los quales el Secretario infra-
ſcripto les leyo como dicho es la Relacion de verbo ad verbum vna ymas vezes, y conformes reſpondieron, y dixeron, que todo lo contado en ellos, es cier-
10 to, y verdadero: y lo que paſso en 'ſu pre-
ſencia, en el dicho viaje delas Vaccas, y ſocargo del dicho Iuramento, que todos hizie-
ron, y retificaron en
15 el, ſiendoles
leyda
y la firmaron de
ſus nombres
&c.

C 2   DI-

References

Ayer, Mrs. Edward E., Frederick W. Hodge, and Charles F. Lummis, eds. and trans. 1916. *The Memorial of Fray Alonso de Benavides 1630*. Chicago: Privately Printed. Repr. Albuquerque: Horn and Wallace, 1965.

Bolton, Herbert E. 1916. *Spanish Exploration in the Southwest 1542-1706*. New York: Charles Scribner's Sons.

Brandon, William. 1990. *Quivira: Europeans in the Region of the Santa Fe Trail, 1540-1820*. Athens, Ohio: Ohio Univ. Press.

Campbell, T.N. 1983. "Coahuiltecans and their Neighbors." In Ortiz 1979-1983, 10:343-358.

Chávez, Fray Angélico. 1992. *Origins of New Mexico Families: A Genealogy of the Spanish Colonial Period*. Rev. ed. Santa Fe: Museum of New Mexico Press.

Craddock, Jerry R. 1996. "Philological Notes on the Hammond and Rey Translation of the [*Relación de la*] *Entrada que hizo en el Nuevo México Francisco Sánchez Chamuscado en junio de [15]81* by Hernán Gallegos, Notary of the Expedition." *Romance Philology* 49:351-63.

——. 1998. "Juan de Oñate in Quivira." *Journal of the Southwest* 40:481-540.

——. Forthcoming. "Fray Marcos de Niza, *Relación* (1539): Critical Edition and Commentary." To appear in *Romance Philology*.

Crespo-Francés y Valero, José Antonio, and Mercedes Junquera. 1998. *Juan de Oñate y el Paso del Río Grande. El Camino Real de Tierra Adentro (1598-1998)*. Madrid: Ministerio de Defensa, Secretaría General Técnica.

DRAE = Real Academia Española 1995.

Echenique March, Felipe I., ed. 1993. *Historia de la Nueva México del capitán Gaspar Pérez de Villagrá*. México, D.F.: Instituto Nacional de Antropología e Historia, Centro Regional de Baja California.

Encinias, Miguel, Alfred Rodríguez, and Joseph P. Sánchez, eds. 1992. Gaspar Pérez de Villagrá, *Historia de la Nueva México, 1610*. Albuquerque: Univ. of New Mexico Press.

Espinosa, Gilberto, trans. 1933. *History of New Mexico by Gaspar Pérez de Villagrá, Alcalá, 1610*. Introduction and Notes by F. W. Hodge. Quivira Society Publications, 4. Los Angeles: The Quivira Society.

Gerhard, Peter. 1993. *A Guide to the Historical Geography of New Spain*. Rev. ed. Norman: Univ. of Oklahoma Press.

González Obregón, Luis, ed. 1900. *Historia de la Nueva México por Gaspar Pérez de Villagrá reimpresa por el Museo Nacional de México con un apéndice de documentos y opúsculos*. 2 vols. México: Imprenta del Museo Nacional.

Griffen, William B. 1983. "Southern Periphery: East." In *Southwest*, ed. Alfonso Ortiz, Handbook of North American Indians, 10:329-342. Washington, D.C.: Smithsonian Institution.

Hackett, Charles W., ed., and Charmion C. Shelby, trans. 1942. *Revolt of the Pueblo Indians of New Mexico and Otermín's Attempted Reconquest 1680-1682*. Coronado Cuatro Centennial Publications, 1540-1940, 8-9. 2 vols. Albuquerque: Univ. of New Mexico Press.

Hallenbeck, Cleve. 1971. *Álvar Núñez Cabeza de Vaca: The Journey and Route of the First European to Cross the Continent of North America 1534-1536*. Port Washington, N.Y.: Kennikat Press. Repr. of Glendale, CA: Arthur H. Clark, 1940.

Hammond, George P. 1927. *Juan de Oñate and the Founding of New Mexico*. Historical Society of New Mexico Publications in History, 2. Santa Fe: El Palacio Press.

——, ed. and trans. 1938. "Oñate's Appointment as Governor of New Mexico." *New Mexico Historical Review* 13:241-254.

Hammond, George P., and Agapito Rey, eds. and trans. 1938. *New Mexico in 1602. Juan de Montoya's Relation of the Discovery of New Mexico.* Quivira Society Publications, 8. Albuquerque: Quivira Society.

——. 1940. *Narratives of the Coronado Expedition, 1540-1542.* Coronado Cuarto Centennial Publications, 1540-1940, 2. Albuquerque: Univ. of New Mexico Press.

——. 1953. *Don Juan de Oñate, Colonizer of New Mexico 1595-1628.* Coronado Cuarto Centennial Publications, 1540-1940, 5-6. 2 vols. Albuquerque: Univ. of New Mexico Press.

——. 1966. *The Rediscovery of New Mexico 1580-1594: The Explorations of Chamuscado, Espejo, Castaño de Sosa, Morlete, and Leyva de Bonilla and Humaña.* Coronado Cuarto Centennial Publications, 1540-1940, 3. Albuquerque: Univ. of New Mexico Press.

Hickerson, Nancy P. 1988. "The Linguistic Position of Jumano." *Journal of Anthropological Research* 44:311-326.

——. 1990. "Jumano: The Missing Link in South Plains History." *Journal of the West* 29:5-12.

——. 1996. "The *Servicios* of Vicente de Zaldívar: New Light on the Jumano War of 1601." *Ethnohistory* 43:127-144.

Junquera, Mercedes, ed. 1989. Gaspar Pérez de Villagrá, *Historia de Nuevo México.* Crónicas de América, 16. Madrid: *historia 16.*

Karttunen, Frances. 1992. *An Analytical Dictionary of Nahuatl.* Norman: Univ. of Oklahoma Press.

Kessell, John L. 1979. *Kiva, Cross, and Crown: The Pecos Indians and New Mexico 1540-1840.* Washington, D.C.: National Park Service, U.S. Department of the Interior.

MacKenzie, David. 1986. *A Manual of Manuscript Transcription for the Dictionary of the Old Spanish Language.* 4th ed. by Victoria Burrus. Madison: Hispanic Seminary for Medieval Studies.

Madrid Rubio, Victorino, Elsía Armesto Rodríguez, and Augusto Quintana Prieto, eds. 1991. Gaspar de Villagrá, *Historia de Nueva México.* Biblioteca de Autores Astorganos, 3. Zamora: Monte Casino.

Matthiessen, Peter. 1987. *Wildlife in America.* 2d ed. New York: Viking.

Morris, John Miller. 1997. *El Llano Estacado: Exploration and Imagination on the High Plains of Texas and New Mexico 1536-1860.* Austin: Texas State Historical Association.

Ortiz, Alfonso. 1979. "San Juan Pueblo." In Ortiz 1979-1983, 9:278-295.

——, ed. 1979-1983. *Southwest.* Handbook of North American Indians, 9-10. 2 vols. Washington, D.C.: Smithsonian Institution.

Powell, Philip W. 1952. *Soliders, Indians, & Silver: The Northward Advance of New Spain, 1550-1600.* Berkeley and Los Angeles: Univ. of California Press.

Real Academia Española. 1995. *Diccionario de la lengua española.* 21st ed. Madrid: Espasa Calpe. CD-ROM.

Santamaría, Francisco J. 1959. *Diccionario de mejicanismos.* México, D.F.: Porrúa.

Schroeder, Albert H. 1979a. "Pecos Pueblo." In Ortiz 1979-1983, 9:430-437.

——. 1979b. "Pueblos Abandoned in Historic Times." In Ortiz 1979-1983, 9:236-254.

Simmons, Marc. 1991. *The Last Conqueror: Juan de Oñate and the Settling of the Far Southwest.* Norman: Univ. of Oklahoma Press.

Snow, David H. 1998. *New Mexico's First Colonists: The 1597-1600 Enlistments for New Mexico under Juan de Oñate, Adelante* [sic!] *& Gobernador.* Albuquerque: Hispanic Genealogical

Research Center of New Mexico.

Torquemada, Fray Juan de. 1986 [1615]. *Monarquía Indiana*. Fasc. ed. Intro. by Miguel León Portillo. 6th ed. Biblioteca Porrúa, 41-43. 3 vols. México, D.F.: Porrúa.

Wagner, Henry R. 1937. *The Spanish Southwest 1542-1794*. Quivira Society Publications, 7. 2 vols. Albuquerque: The Quivira Society.

Wilson, Gilbert L. 1981. *Waheenee: An Indian Girl's Story, Told by Herself*. Lincoln: Univ. of Nebraska Press.

Zavala, Silvio A. 1988. *Las instituciones jurídicas en la conquista de América*. Biblioteca Porrúa, 50. 3d ed. México, D.F.: Porrúa.